Sprachwelten Spanisch

Otro mundo

Ana López Toribio
María Montes Vicente
Juan Miguel Nevado

Baierbrunner Straße 27, 81379 München
Ausgabe 2022
4. Auflage

Redaktion: Isabella Bergmann
Fachkorrektur: Pablo Pino
Produktion: Ute Hausleiter
Titelillustration: shutterstock.com/Yulya Shmidt
Gestaltung: red.sign GbR, Stuttgart
Umschlaggestaltung: red.sign GbR, Stuttgart

ISBN 978-3-8174-1939-5
381741939/4

Besuchen Sie uns auf Instagram und Facebook: circonverlag

www.circonverlag.de

Lesen und Lernen mit den Sprachwelten

So abwechslungsreich war Spanischlernen noch nie! Die Sprachwelten kombinieren unterhaltsames Lesen mit dem bewährten didaktischen Konzept der Reihe Lernkrimi. Die vier Kurzgeschichten sind von **muttersprachlichen Autoren** verfasst und genau auf Ihr **Lernniveau** abgestimmt – perfekt für den Unterricht oder individuelles Lernen.

Wörter, die noch unbekannt sind, werden direkt auf der Seite übersetzt, so ist kein zusätzliches Nachschlagen erforderlich. Das **alphabetische Glossar** am Ende des Buches bietet eine Übersicht aller **Vokabeln** mit ihren Übersetzungen. Im **phase6-Vokabeltrainer** sind diese sogar vertont.

Jede Kurzgeschichte enthält abwechslungsreiche, auf den Text bezogene **Übungen** zu Wortschatz, Grammatik und Textverständnis, die zum aktiven Lernen motivieren. Überprüfen Sie Ihren Lernerfolg einfach im **Abschlusstest**. Im Anhang finden Sie alle **Lösungen**.

Ergänzend zu jeder Kurzgeschichte verweisen **Infokästen** auf sprachliche und landeskundliche Besonderheiten.

Inhalt

Otro mundo

Ana López Toribio

Auf dem Flughafen von Madrid wartet Lidia auf den Check-in. Ihr ambitioniertes Ziel: eine Zusammenarbeit zwischen ihrer Firma und dem weltweit größten Produzenten von Quinoa in Peru. Doch die Reise steht unter keinem guten Stern, zu viele Zwischenfälle gefährden den ersehnten Vertragsabschluss. Plötzlich muss Lidia eine Entscheidung treffen ...

Lidia: Eine junge, erfolgreiche Karrierefrau, die bei der größten Investitionsfirma Spaniens arbeitet und geschäftlich nach Peru fliegt. Sie ahnt nicht, dass diese Reise ihr Leben verändern wird.

María: Eine junge Peruanerin, die seit ein paar Jahren in Madrid wohnt und Lidia in der Fremde zur Seite steht.

Juan Carlos: Ein peruanischer Pilot, in dessen Händen Lidias Leben liegt.

—Lo siento, ha cambiado el tipo de avión. Por eso, hemos modificado su billete, aquí tiene —informa el **azafato** detrás del **mostrador**.

—Está bien —acepta Lidia.

—Su **puerta de embarque** es la L6, le deseo un buen vuelo.

—Gracias.

Lidia se dirige a la puerta de embarque.

—Pasajeros con **destino** a Lima **acudan** a la puerta de embarque A28 —se escucha por los **altavoces**.

"Estupendo", piensa Lidia, "ahora cambian también la puerta de embarque".

En la puerta de embarque A28 se lee Lima en la **pantalla**. Mientras Lidia espera a que abran las puertas del avión va un momento al servicio. Se mira al espejo, tiene buen aspecto con el **conjunto** que ha comprado la semana pasada: falda, blusa y chaqueta grises. "Me ha sentado bien el **ascenso**", piensa **sonriendo**.

Los pasajeros comienzan a subir al avión, Lidia se dirige al número de asiento que aparece en su billete.

—Oh, no... no puede ser —Lidia **se da cuenta de** que su **asiento** no está en primera clase.

—Perdone —dice Lidia a la azafata—, hay un error en el número de asiento.

—Un momento, voy a **comprobarlo**.

azafato/a *m/f*	Flugbegleiter(in)
mostrador *m*	Schalter
puerta *f* **de embarque**	Boarding-Gate
destino *m*	Reiseziel
acudir	(hin)gehen
altavoz *m*, **altavoces** *m pl*	Lautsprecher
pantalla *f*	Bildschirm
conjunto *m*	*hier:* Ensemble
ascenso *m*	*hier:* Beförderung
sonreír *irr*	lächeln
darse *irr* **cuenta de algo**	etw. (be)merken
asiento *m*	Sitz
comprobar *irr*	prüfen

Poco después vuelve con el billete de Lidia en la mano.
—Creo que no hay ningún error, este es su asiento.

tener *irr* **ganas de**	Lust haben zu/ auf
equipaje *m* **de mano**	Handgepäck
rasgo *m*	*hier:* Gesichtszug
acomodarse	es sich bequem machen
ni siquiera	nicht einmal
cava *m*	*hier:* Sekt
quejarse	sich beklagen
costearse	bezahlen
entretanto	inzwischen
despegar	starten
estar *irr* **de vacaciones**	im Urlaub sein
asombrado	erstaunt
viaje *m* **de negocios**	Geschäftsreise
ampliar	*hier:* öffnen, weiten

Lidia suspira, no **tiene** muchas **ganas de** discutir y se sienta un tanto resignada. Cuando está dejando su **equipaje de mano**, escucha una voz detrás suya.
—Disculpe, ¿puedo pasar?
—Sí, claro, perdona.
A su lado se sienta una chica joven, como Lidia, de unos treinta años. Su pelo y su piel son un poco más morenos que los de Lidia y los **rasgos** andinos.
—Tenemos un largo viaje por delante —dice la chica mientras **se acomoda** en su asiento.
—Sí, es verdad —lo cierto es que Lidia **ni siquiera** sabe cuántas horas dura el viaje, pues el billete lo ha reservado su secretaria. Lidia se da cuenta de las diferencias con la primera clase. "Adiós, copa de **cava**. Aquí no me reciben ni siquiera con un vaso de agua y hay tan poco espacio...", piensa, algo molesta.
—Aunque no **me quejo**, la mayoría de la gente que conozco no puede **costearse** un vuelo así —comenta la chica.
Lidia no sabe qué responder a esto, piensa en la gente que conoce, todos pueden pagarse un vuelo de larga distancia.
Entretanto, ya se preparan para **despegar**.

Ejercicio 1: Palabra escondida. **Übersetzen Sie und enträtseln Sie das Lösungswort!**

1. Flugzeug a [v] i ó n
2. Flughafen _ _ _ _ _ [ ] _ _ _ _
3. Ticket _ _ _ _ _ _ [ ]
4. Koffer _ _ [ ] _ _ _
5. Sitz _ _ _ _ _ _ [ ]

Lösung: ¡Buen [ ][ ][ ][ ][ ]!

—Bueno, mi nombre es María —dice la chica con una mirada amable.

—Encantada, soy Lidia.

—¿Es la primera vez que viaja al Perú [i]?

—Sí, la primera vez.

—Oh, ya va a ver que va a disfrutar. ¿**Está de vacaciones**?

—No, es un viaje de trabajo. Por cierto, María, puedes hablarme de tú.

—Sí, claro. Un viaje de trabajo —dice María, **asombrada**—. Yo también he salido del Perú buscando trabajo, por eso vivo ahora en Madrid.

—Ah, no. No voy a Perú para buscar trabajo. Es un **viaje de negocios**, voy a Perú para **ampliar** el mercado de la empresa en la que trabajo.

—Ya entiendo, ¿en qué empresa trabajas?

> In Spanien wird **Perú** meist ohne den bestimmten Artikel bezeichnet. In Peru dagegen und in anderen Ländern Lateinamerikas spricht man den Artikel eher mit.

—Es una empresa de **banca de inversiones**.
María pone cara de no entender demasiado.

—**Invertimos** en diferentes áreas y así vamos ampliando el mercado de diferentes productos.

—Ajá, parece interesante. ¿Y en qué vas a invertir en el Perú? —pregunta María con mucha **curiosidad**.

—Queremos trabajar con la **agricultura** andina.

Lidia no quiere dar más información, pues su empresa quiere ser la primera en invertir mucho dinero en **activos seguros**, como los **cereales**. Este año la **Asamblea General** de las **Naciones Unidas** tiene planeado declararlo como el Año Internacional de la quinua[i]. Y Perú es el mayor productor de este cereal, es una gran **oportunidad**.

—¿En serio? —responde María muy sorprendida—. Casi toda mi familia **se dedica a** la agricultura, la región de donde vengo es muy rural y no hay mucho más que hacer. Por eso cada vez más gente se va de allá. Yo misma estoy en Madrid **desde hace** tres años, acá vive un primo mío y gracias a él tengo trabajo.

—¿Y dónde trabajas?

banca *f* **de inversiones**	Investitionsfirma
invertir *irr*	investieren
curiosidad *f*	Neugier
agricultura *f*	Landwirtschaft
activos *m pl* **seguros**	sichere Vermögenswerte
cereales *m pl*	Getreide
Asamblea *f* **General**	Hauptversammlung
Naciones *f pl* **Unidas**	die Vereinten Nationen
oportunidad *f*	Gelegenheit
dedicarse a	tätig sein in
desde hace	seit
fuera	weg
regresar	zurückkehren

i **Quinoa, quinua** oder **quínoa**? Die RAE betrachtet nur die Schreibweise **quinua**, die dem ursprünglichen Wort **kinuwa** aus dem Quechua sehr ähnlich ist.

—En una panadería, cerca de la Puerta del Sol[i]. Es una muy antigua.

—Ah, sí, la conozco. Siempre que paso por allí hay mucha gente.

> Die berühmte **Puerta del Sol** ist der zentralste Platz in Madrid. Hier liegt auch der sogenannte „Kilometer 0", von dem alle wichtigen Landstraßen Spaniens ausgehen.

—Uf, sí, tenemos siempre mucho trabajo. Estoy contenta, mis jefes me han dado vacaciones y puedo estar todo el mes **fuera**.

—¡Qué bien!

—Sí, tengo muchas ganas, es la primera vez que **regreso** a casa. Estoy bien en España. Sin embargo, la razón por la que vuelvo a casa es un poco triste, mi madre está enferma desde hace unos meses. Parece algo grave.

—Vaya, lo siento.

—Por eso tengo muchas ganas de volver y estar con ella y con el resto de la familia. ¿Y tú? ¿Cuánto tiempo te quedas en Perú?

—Unos diez días, no sé exactamente.

Ejercicio 2: Gentilicios. Wie bezeichnet man die Bewohner folgender Länder?

1. Perú *peruana* *peruano*
2. México ________ ________
3. Ecuador ________ ________
4. Chile ________ ________
5. Venezuela ________ ________

—Tan poco tiempo, no vas a tener casi tiempo de conocer la vida andina.
—No mucho —responde Lidia con media **sonrisa**—, casi siempre es así en los viajes de negocios.
—Eso pasa **a menudo**. La gente en Europa siempre va con **prisa**. Creo que en el Perú es todo más relajado, los **horarios** son más flexibles.
—¿Tú crees? —pregunta Lidia pensando en su rutina diaria, llena de **citas**, reuniones, prisas, **atascos**, etc.
—Sí, además, la gente dedica más tiempo a estar en casa, con la familia.

> Lateinamerikanisches Spanisch und europäisches Spanisch im Vergleich:
>
> **acá – aquí**
>
> **allá – allí**
>
> **la plata – el dinero**
>
> **la papa – la patata**

Lidia se queda un momento callada, ella normalmente visita a sus padres una vez al año.
—En Europa hay más plata[i], pero no hay mucho tiempo para disfrutarlo.
—Puede ser —responde Lidia— o quizá **hemos olvidado** un poco cómo disfrutarlo.

Ejercicio 3: Verbos. Lesen Sie weiter und setzen Sie die korrekten Verbformen im Präsens ein!

El viaje **1.** pasar ___*pasa*___ rápidamente para las chicas que ya **2.** estar ____________ **aproximándose** a su destino. A la llegada al aeropuerto de Lima las dos chicas **se**

despiden. Lidia **3.** dirigirse ______________ al hotel más cercano al aeropuerto, como siempre un hotel de cinco **estrellas**, donde **4.** poder ______________ descansar y seguir trabajando. Al día siguiente un piloto la **5.** esperar ______________ en el aeropuerto.

—¿Todo listo? —pregunta el piloto.

—Sí, todo bien —responde Lidia. No es la primera vez que vuela en avioneta privada, pero hasta ahora no ha hecho un viaje tan largo, son casi mil kilómetros hasta Puno.

En Lima, el cielo está **despejado** y pueden despegar sin problemas. Lidia disfruta del cambiante paisaje, desde la inmensidad del Pacífico hasta pasar por la gran **cordillera de los Andes**.

sonrisa *f*	Lächeln
a menudo	oft
prisa *f*	Eile
horario *m*	*hier:* Geschäftszeit
cita *f*	Termin
atasco *m*	Stau
olvidar	vergessen
aproximarse	sich nähern
despedirse *irr*	sich verabschieden
estrella *f*	Stern
despejado	wolkenlos
cordillera *f* **de los Andes**	Gebirgskette der Anden
asustado	erschrocken

—¿Señorita? —reclama el piloto la atención de Lidia después de un tiempo.

—Sí, ¿qué pasa?

—¿Ve esa nube de allá?

Lidia puede ver entre las montañas una gran nube oscura.

—Sí, la veo —responde Lidia un poco **asustada**.

—No podemos dirigirnos hacia allá. El tiempo está cambiando muy rápido, eso es señal de **tormenta** y esta avioneta no está preparada para esto, se lo **aseguro**.

—¿En serio? ¡Pero eso no puede ser! —grita Lidia, ahora muy nerviosa.

—Tenemos que encontrar una **pista de aterrizaje de emergencia**. Ahorita estamos a la **altura** de Cuzco (i), pero es difícil ver algo desde acá, tenemos que **descender**.

> In Lateinamerika und Teilen Spaniens (Kanaren, Andalusien) wird "z" wie "s" ausgesprochen. Bei einem Wort mit zwei Schreibweisen wie **Cuzco/Cusco** ändert sich nicht die Bedeutung, sehr wohl aber bei **caso/cazo: el caso** – der Fall, **el cazo** – der Stieltopf.

—Eso suena peligroso —mientras Lidia dice esto, el piloto ya está haciendo la **maniobra** para perder altura.

Lidia tiene la sensación de caer al vacío. Su corazón **late** más rápido que nunca y por un momento le **falta** la respiración.

—Allá veo una carretera, esa es nuestra pista de aterrizaje —grita el piloto.

Lidia **intenta** mirar por la ventana, pero van demasiado deprisa. Su corazón late aún más rápido. Se aproximan rápidamente al suelo. "El piloto sabe lo que tiene que hacer. No vamos a morir...", piensa cerrando los ojos. Cada vez están más cerca de la pista de aterrizaje. Ahora la avioneta toca algunos árboles y después de unos segundos el piloto intenta poner la avioneta en posición horizontal. Todo va muy deprisa. "¡Este viaje es un desastre... un desastre!", piensa

tormenta *f*	Gewitter
asegurar	*hier:* versichern, schwören
pista *f* **de aterrizaje de emergencia**	Notlandebahn
altura *f*	Höhe
descender	runtergehen
maniobra *f*	*hier:* Manöver
latir	schlagen
faltar	fehlen
intentar	versuchen

Lidia viendo muy cerca la carretera. En ese momento la avioneta toca el suelo de forma violenta. Y otra vez. Ahora el piloto **frena** al máximo. Finalmente el motor se para y los dos son **empujados hacia delante**. Todo queda en silencio.

—¿Todo bien? —pregunta el piloto.

—Sí —responde Lidia. Le **cuesta** creer que aún vive. Se quita el **cinturón de seguridad** e intenta **respirar** con normalidad.

—Un **aterrizaje forzoso** —dice el piloto sonriendo.

—¿Cómo puede estar tan relajado después de lo que **acaba de** pasar? ¡Ni siquiera sabemos dónde estamos! —dice Lidia entre asustada y enfadada.

—Ay, señorita, estas montañas son muy **caprichosas**, nunca se sabe qué van a traer. La radio no funciona, pero creo que sé dónde estamos.

Lidia **mira a su alrededor**. La naturaleza domina en ese lugar.

—Estamos en la **selva cuzqueña**, señorita —comenta el piloto sonriendo—. Tenemos que caminar en esta dirección, hacia el sur. Allá puede que haya un **poblado**.

Lidia coge su maleta y bolsa de mano resignada. El piloto la mira como un **espectador** de una comedia.

—Lo siento, señorita, es imposible caminar con esa maleta en la selva.

frenar	bremsen
empujado	*hier:* geworfen, gedrückt
hacia delante	nach vorne
costar *irr*	*hier:* schwerfallen
cinturón *m* **de seguridad**	Sicherheitsgurt
respirar	atmen
aterrizaje *m* **forzoso**	Notlandung
acabar de hacer algo	*hier:* gerade etw. getan haben
caprichoso	tückisch
mirar a su alrededor	sich umsehen
selva *f* **cuzqueña**	Urwald von Cuzco
poblado *m*	*hier:* Dorf
espectador/a *m/f*	Zuschauer(in)

Ejercicio 4: ¿Verdadero o falso? **Welche Aussagen sind korrekt? Kreuzen Sie an!**

1. Lidia viaja en avión de Madrid a Puno. ❐
2. En Lima hace buen tiempo. ❐
3. El piloto pide ayuda por radio. ❐
4. Lidia está disfrutando de un viaje tranquilo. ❐
5. El piloto intenta aterrizar en una carretera. ❐

A Lidia le cuesta aceptarlo. Todo lo que lleva es importante.
—Le puedo ayudar con la bolsa de mano —ofrece el piloto.

Lidia abre su maleta. Casi **le da la risa** de pensarlo, ¿cómo va a meter todo lo que necesita en su bolsa de mano? Piensa en la reunión que tiene con el presidente de la mayor empresa productora de quinua de Perú. Necesita el **ordenador portátil**, donde tiene los **contratos** de la **negociación**. Toma el teléfono móvil, cables y algo de ropa.
—Piénselo bien. El móvil no le va a servir mucho acá —comenta el piloto. Se diri-

dar *irr* **la risa a alguien**	lustig finden
ordenador *m* **portátil**	Laptop
contrato *m*	Vertrag
negociación *f*	Handelsgeschäft
cobertura *f*	*hier:* Empfang, Netz
tener *irr* **razón**	recht haben
cansancio *m*	Erschöpfung
adelante	vorne, voraus
desaparecer *irr*	verschwinden
descubierto	*hier:* nackt
aguacate *m*	Avocado

ge a la cabina de piloto y toma una botella de agua—, pero esto sí.

Lidia mira su móvil, no tiene **cobertura**, el piloto **tiene razón**. Comienzan a caminar. Hace mucho calor, la humedad es muy alta y el **cansancio** se nota rápidamente.

—Tiene que beber agua, señorita.

—¿Usted conoce esta región?

—Un poco. Sé que por allá va uno de los caminos incas[i] y por allá, más **adelante**, se llega a Machu Picchu. La selva es difícil de conocer. Los caminos **desaparecen**, acá le tenemos mucho respeto.

> Während der Inka-Zeit verband ein Straßennetz verschiedene Orte in Peru miteinander. Ausgangspunkt aller Wege war Cuzco, die Hauptstadt des Inka-Reichs. Der bekannteste Inka-Pfad endet in der Ruinenstadt **Machu Picchu** („Alter Gipfel").

Lidia piensa en Madrid donde las calles no "desaparecen".

—¿Cuál es su nombre? —pregunta el piloto.

—Lidia, ¿y el suyo?

—Bonito nombre, yo me llamo Juan Carlos.

Siguen caminando dos horas. Los brazos **descubiertos** de Lidia son fáciles de encontrar para los cientos de mosquitos que vuelan por allí.

Después de un rato, Juan Carlos se para ante un árbol y toma un par de frutos que comparte con Lidia.

—**Aguacates** —dice el piloto.

Lidia los coge con ganas.

—¡Qué bueno! Es el mejor aguacate que he comido nunca — Lidia sonríe por primera vez hoy. El piloto le responde con otra sonrisa.

—Tenemos un rato caminando hasta aquel poblado, ¿lo ve?

Lidia puede imaginarse algo, pero aún lo ve muy lejano.

—El Perú se conoce caminando —dice Juan Carlos.

—Lo dice usted. Yo prefiero los coches privados y vuelos en primera clase, con **aire acondicionado** y wifi. ¡Ay, **malditos** mosquitos!

Llegan **agotados** al poblado. No hay nada especial aquí, unas pequeñas casas y algunos niños jugando en la calle. A su llegada les ofrecen agua y algo de comer. Juan Carlos pregunta por una moto y, por suerte, encuentran a alguien que puede ayudarles.

—Él **se encarga** de llevarle a Cuzco, de allá lo tiene más fácil para llegar a Puno —dice Juan Carlos—. Yo me quedo acá, mañana tengo que volver a por mi avioneta. Acá tiene su bolso.

—Gracias, usted es un buen piloto y un buen **guía**.

Se despiden con un **abrazo**. **De repente** Lidia ya está montada en una moto con tres **ruedas**, un tipo de carro-moto que nunca antes ha visto. Está un poco **mareada** y contenta de salir de la selva. El ruido de la moto le hace salir de sus pensamientos. Se queda dormida durante el viaje.

—Ya estamos en Cuzco —dice el conductor.

—¿Conoce algún hotel aquí?

El chico la lleva a uno de los grandes hoteles de Cuzco. Primero, claro, Lidia se conecta a internet para hacer una videoconferencia con su jefa.

aire *m* **acondicionado**	Klimaanlage
ϟ **maldito**	verdammt
agotado	erschöpft
encargarse	*hier:* den Auftrag haben
guía *m/f*	*hier:* Fremdenführer(in)
abrazo *m*	Umarmung
de repente	plötzlich
rueda *f*	*hier:* Rad
mareado	übel, schwindlig
retrasar	verschieben
aventura *f*	Abenteuer
mantener *irr* **informado**	*hier:* auf dem Laufenden halten
cuidarse	auf sich achtgeben

Ejercicio 5: Comparativos. **Ergänzen Sie die Komparativformen der Adjektive!**

1. Juan Carlos conoce bueno *mejor* el camino que Lidia.
2. Es cómodo ______________ un vuelo en primera clase que en clase turista.
3. En la selva es útil ______________ tener agua que una cámara de fotos.
4. Es malo ______________ tener una actitud negativa en una situación problemática.

—Buenos días, Lidia —se oye una voz un poco lejana.
—Buenas tardes. Aquí ya casi es de noche —responde Lidia dándose cuenta en ese momento de la diferencia horaria.
—¿Qué tal? ¿Cómo va el viaje?
—Pff, intenso... Ahora estoy en Cuzco, tengo que **retrasar** la reunión.
—Vaya, ¿estás bien? Tienes mal aspecto.
—Sí, muy cansada. No he podido llegar a Puno. El viaje con la avioneta ha sido difícil, con aterrizaje forzoso y esto hace todo más lento.
—¿En serio? ¡Cuántas **aventuras** por allí!
—Sí, ¡cuántas aventuras! —repite Lidia en tono irónico.
—Bueno, tenemos al presidente de la empresa peruana en el bolsillo, el contrato está casi cerrado. **Mantenme informada** y **cuídate**.

—Claro, hasta pronto.
—¡Adiós!
Lidia **cuelga** y deja el ordenador a un lado. Esta conversación le parece rara y el viaje, una tortura. Después de la experiencia en la selva, estar en una ciudad le resulta curioso. Este país le parece otro mundo.

Ejercicio 6: Errores. Lesen Sie weiter und korrigieren Sie die vier Fehler im folgenden Absatz!

Al día siguiente, Lidia me siente mucho más relajada. Toma un buen cafe peruano y por un segundo olvida la razón por la que es en Perú. Antes de salir del hotel, se pone en contacto con el jefe de la empressa de quinua de Puno.

1. ______________________ 3. ______________________

2. ______________________ 4. ______________________

—No **se preocupe**. No hay ningún problema —dice una voz masculina al otro lado del teléfono.
—Gracias. Entonces, nos vemos **pasado mañana**.
Lidia ya ha aprendido que los ritmos en Perú van más lentos y prefiere tener tiempo **de sobra** para llegar a Puno.
En Cuzco es mucho más fácil encontrar un taxi que le lleva a Puno.
—A la Avenida de las maravillas, por favor —le dice Lidia al taxista indicando la dirección del hotel que le ha reservado su secretaria.

En Puno hace un tiempo malísimo. Llueve tanto que Lidia **apenas** puede bajar del taxi. Intenta abrir la puerta del hotel, pero está cerrada. Puede ver a alguien por dentro...

—¡Hola! ¿Puede abrirme, por favor?

—Lo siento, está cerrado **por obras**.

—¿Cómo? ¿Cerrado por obras? —Lidia **no da crédito a** lo que oye—. ¡Pero si tengo una reserva!

—Hemos tenido **inundaciones** y no podemos **acoger** a nadie, lo siento mucho. Allá enfrente hay otro hotel.

—Pero... —comienza a decir Lidia sin **éxito**, el hombre ya está detrás de la puerta. Mira enfrente. Ese edificio no parece ni un hotel ni abierto. Cruza la calle y ve la **fachada** casi caída. Nunca se ha imaginado dormir en un sitio así. "¡Madre mía, ¿dónde estoy?!", piensa y comienza a caminar. Puno es una ciudad grande y Lidia no tiene ni idea de adónde ir. Se siente sola y **arrepentida** de estar en Perú, piensa que este viaje no ha sido una buena idea. Por suerte, ha dejado de llover.

—**¡Qué casualidad!** —dice una voz femenina que de alguna manera a Lidia le resulta familiar.

—¡María! ¿Cómo es posible? —dice Lidia mientras abraza a María.

colgar *irr*	*hier*: auflegen
preocuparse	sich Sorgen machen
pasado mañana	übermorgen
de sobra	reichlich, genügend
apenas	kaum
por obras	wegen Bauarbeiten
no dar *irr* **crédito a**	nicht glauben
inundación *f*	Überschwemmung
acoger	*hier*: empfangen, aufnehmen
éxito *m*	Erfolg
fachada *f*	Fassade
arrepentido	reuevoll
¡Qué casualidad!	So ein Zufall!

—¿Cómo estás? —pregunta María.

—Pff, ahora mismo un poco **desesperada**.

—Ah, ¿sí? Pues, ¿qué **ocurre**?

—El hotel donde tengo la reserva está cerrado y no sé muy bien dónde ir. ¿Y tú? ¿Qué haces aquí?

—Mi familia vive acá cerquita, en Pucarlaya. Espera, seguro que podemos solucionar lo de tu hotel. Tengo un tío que tiene un hostal allá, **recientemente** lo ha abierto. No es gran cosa, pero seguro que puede acomodarte. Vamos a tomar el autobús —dice María tirando del brazo de Lidia.

Hay mucho ruido en la calle y hay gente que grita nombres.

—¡Pucarlaya, Pucarlaya! —**chilla** un chico joven desde la puerta de un autobús.

Lidia no entiende nada.

—Vamos, vamos —**se apresura** María.

Lidia se sube al microbús mientras María da una moneda al chico.

Ejercicio 7: Cambio de vocal. Wie lautet die 3. Person Singular der folgenden Verben? Achten Sie auf den Vokalwechsel!

1. llover ____*llueve*____
2. nevar ________________
3. volar ________________
4. poder ________________
5. pensar ________________

—Esta manera de tomar el autobús es nueva para mí.

—Quizá te parece raro, pero es la manera más común —comenta María sonriendo.

—Tengo la sensación de no saber nada de lo que tú llamas "común". Me siento **extranjera**, la verdad.

—Tranquila, mujer. No hay nada que **temer**...

En el camino **charlan** sobre sus experiencias en el país. Lidia cuenta cómo ha sido su viaje hasta Puno.

El conductor frena de repente y grita algo enfadado.

—Viendo cómo conducen aquí, me siento **afortunada** de seguir viva —dice Lidia con una sonrisa.

—Sí, acá algunos **manejan** a lo loco.

desesperado	verzweifelt
ocurrir	geschehen
recientemente	vor Kurzem
chillar	schreien
apresurarse	sich beeilen
extranjero	fremd
temer	(be)fürchten
charlar	plaudern, quatschen
afortunado	froh, glücklich
manejar *Lat*	*hier:* fahren
barro *m*	Schlamm
patio *m*	Hof

Tras veinte minutos llegan al pueblo de María. Caminan por un camino de **barro** y tras pasar un jardín pequeño llegan al **patio** de una casa. Un poco más adelante, una mesa y un fuego abierto. Al lado una mujer cocinando.

—¡Hola! —grita María—. Acá, Lidia, te presento a mi familia.

—Encantada, pase, siéntese[i] —dice la mujer girándose hacia la mesa—. Me llamo María Rosa.

> **i** Der Imperativ der 3. Person Singular wird mit Subjuntivo gebildet. Verben, die im Indikativ auf **-ar** enden, lauten im Subjuntivo auf **-e-** aus: **usted pasa → usted pase**. Verben auf **-er** und **-ir** bilden die Subjuntivo-Endung mit **-a-**: **usted corre/escribe → usted corra/escriba**.

—Justo ahorita vamos a comer —dice la mujer mientras **pone la mesa**.

Una chica aparece por una puerta y saluda a Lidia.

—Esta es mi hermana pequeña, pero tengo otros ocho hermanos y hermanas.

poner *irr* **la mesa**	den Tisch decken
grisáceo	gräulich
agarrado	*hier:* gebunden
trenza *f*	Zopf
cintura *f*	Taille
animadamente	lebhaft
tratamiento *m*	Behandlung
cosechar	ernten
cáncer *m*	Krebs
seguro *m*	Versicherung

Lidia mira a la madre de María, tendrá unos cincuenta años, tiene el pelo **grisáceo**, **agarrado** en dos **trenzas** largas que le llegan hasta la **cintura**.

—Así es, tengo diez hijos y catorce nietos —dice la mujer mientras pone madera en el fuego.

—Gran familia —dice Lidia sonriendo un poco asustada.

Suena el ruido del motor de un coche, aparca y aparecen cinco hombres por la puerta.

—Mis hermanos José y Luis y mi padre, Jesús. ¡Ah! Mira, acá está también mi primo Enrique. Y este es un amigo de Luis.

Todos se sientan en la mesa, María Rosa sirve una sopa y pan casero.

—Coma, coma —le dice a Lidia.

La gente habla **animadamente** en la mesa.

—Gracias, María Rosa —dice uno de los chicos—. ¿Cómo está usted?

—Ay, me duelen todos los huesos.

—¿No mejora? —se interesa el chico.

—Recién con el **tratamiento** me siento algo mejor, pero ya se acaba y no hay plata para pagar a más médicos. Así es la vida, ya somos viejos —sonrié María Rosa a su marido.

Ejercicio 8: Sopa de letras. **Finden Sie im Gitternetz acht Verwandtschaftsbezeichnungen!**

H	E	R	M	A	N	O	Á
E	U	P	L	E	V	P	I
R	E	P	R	I	M	A	R
M	A	D	R	E	T	D	O
A	S	I	F	A	M	R	T
N	A	T	Í	O	D	E	N
A	G	Í	L	F	O	J	A
V	O	A	B	U	E	L	O

—María Rosa, yo puedo ayudar. Ahora estamos **cosechando** la quinua (i) y hay algo más de dinero —dice uno de los chicos. María le explica a Lidia que los médicos no están seguros de si es **cáncer**. Un tratamiento tan caro no lo paga el **seguro**. Son tiempos duros para la familia.

Quinoa ist eine Kulturpflanze mit über 5000-jähriger Geschichte. Das legendäre Getreide war zu Zeiten der Inkas mit vielen alten Ritualen verbunden. Heutzutage ist es wegen seiner Nährwerte äußerst beliebt, weshalb nicht nur große Mengen nach Europa importiert, sondern bereits erste Flächen in Deutschland kultiviert werden.

—Lidia, ¿de dónde es usted? —pregunta uno de los chicos cambiando el tema de conversación.

—De España —dice Lidia mientras come.

—¡Ah! Qué lejos. María nos cuenta cosas de cómo

se vive en Madrid. Muy diferente, parece. —El chico come la sopa imaginándose la gran ciudad española.
Lidia **afirma con la cabeza** pensando en su viaje hasta ahora.
—Acá hay muchos problemas, en Puno casi todo el mundo se dedica a la agricultura, mucho trabajo y poca plata —comenta el chico.
—La gente acepta, no protesta —dice otro de los chicos, parece el más joven—. Siempre dicen que el trabajo en el campo es muy duro, la quinua no da nada, pero luego aceptan los trabajos.
—¿Y qué vas a hacer? —pregunta Jesús, el padre.
—Si aceptas las condiciones de trabajo, nunca van a cambiar. Hay que unirse y protestar —contesta el chico.

afirmar con la cabeza	nicken
sindicato *m*	Gewerkschaft
amenazar	(be)drohen
añadir	hinzufügen
contaminar	verschmutzen
abogado/a *m/f*	Anwalt/ Anwältin
multa *f*	Geldbuße
informe *m*	Bericht
revisar	überprüfen
hospedar	beherbergen, übernachten
clave *f*	*hier:* Passwort

—Y luego te pasa como a tantos que han desaparecido, mira, Ramón, el del **sindicato**. Y si tienes suerte y no desapareces, te **amenazan** a ti y a tu familia —**añade** otro de los chicos.
—Ya —dice María Rosa—, van a asustar a la señorita.
—No, tranquila, me interesa el tema —responde Lidia.
—Siempre son las empresas de fuera, desde que la quinua la lleva esta empresa mucha gente se ha tenido que ir.
—¿Ah, sí? ¿Por qué? —pregunta Lidia.
—El trabajo está mal pagado y se trabaja muchas horas. Al final la gente se va a otros sitios, como María. Y a los que protestan, los amenazan.
—Bueno, en esa empresa pasan muchas cosas. La gente que vive cerca no puede usar ya el agua del río donde está la empresa.

—Lo **han contaminado** todo —dice Jesús.
—Y no pasa nada, no hay consecuencias —añade el joven.
—¿Cómo es posible? —pregunta Lidia.
—Son empresas que tienen mucho dinero, buenos **abogados**. Si les ponen una **multa**, lo pagan. No hay problema, eso no es nada para ellos —contesta el chico.
Lidia piensa en los **informes** de marketing que ella misma **ha revisado**, todos eran positivos. Es la primera vez que lo ve desde otra perspectiva.
—Buenas tardes —dice un hombre con sombrero que aparece por detrás.
—¡Qué suerte, tío! Mira acá está Lidia, se va a **hospedar** en su hotel, si está de acuerdo.
—Claro, mi hija, perfecto.
Lidia se va con María y su tío al hotel.
—Ahora tenemos wifi, somos el único hotel en Pucarlaya que lo tiene —dice el hombre con entusiasmo—. Acá tiene la **clave**.

Ejercicio 9: ¿Verdadero o falso? Welche Sätze sind grammatikalisch falsch? Kreuzen Sie an.

1. Lidia es española, vengo de España. ❐
2. Lo han contaminado el agua. ❐
3. En el pueblo hay una tienda que vende alimentos. ❐
4. Me gusto mucho la comida de María Rosa. ❐
5. ¿Se imaginas cómo es Madrid? ❐

—Gracias —responde Lidia, ahora ya no le parece tan importante.

En su habitación, se sienta en la cama. Tiene una extraña sensación, todo lo que ha oído en la mesa es tan desconocido para ella. Abre el ordenador. El contrato con la mayor empresa de quinua de Perú está preparado. Solo faltan las **firmas**[i] del presidente y de Lidia. "Lo tenemos en el bolsillo", piensa **recordando** las palabras de su jefa. Lidia cierra el portátil. Desde el otro lado del océano la gente que **está a su cargo** analiza las posibilidades de mercado en sitios como Puno sin conocerlo. Y a este lado del océano desaparecen sindicalistas. Es casi como otra realidad la que está viviendo. ¿Es verdad lo que decía la familia de María sobre los desaparecidos? Lidia abre el portátil otra vez. Tiene que saberlo...

Al día siguiente es la reunión y por primera vez, Lidia —la extranjera— siente que tiene un **papel** importante en esta historia.

Ein falscher Freund!
Das Wort **firma** bedeutet auf Spanisch „Unterschrift". Wenn man über „die Firma" bzw. „das Unternehmen" sprechen möchte, lautet die korrekte Entsprechung **empresa**.

firma *f*	Unterschrift
recordar *irr*	sich erinnern
estar *irr* **a cargo de alguien**	für jdn. zuständig sein
papel *m*	*hier:* Rolle

Patio de vecinos

Juan Miguel Nevado

Steffi ist ihren täglichen Trott in München leid. Anlässlich der Feria de Abril reist sie nach Sevilla und sucht nach einer neuen Perspektive in ihrem Leben. Ob ein Neuanfang in der Fremde das Richtige für sie ist? Ihre Nachbarschaft lässt zumindest auf ein Abenteuer schließen ...

Steffi: Eine junge Frau aus München, die ihren Bürojob an den Nagel hängt und in Sevilla einen Neuanfang wagt. Als Bewohnerin einer typisch andalusischen Wohnanlage (Patio de vecinos) findet sie jedoch schnell Anschluss.

Javi: Ein attraktiver junger Mann, der eine Vorliebe für Flamenco hat. Er ist Steffis Nachbar und möchte sie näher kennenlernen.

María: Eine lebensfrohe junge Frau, die mit Javi zusammenwohnt und ein Auge auf den Neuankömmling wirft.

Fausti: Eigentümer der Bar *El Faustino* und gastfreundlicher Arbeitgeber. Er wohnt ebenfalls im Nachbarschaftshof.

Concha, Rafa und Cristina: Neugierige, offenherzige Nachbarn, die Steffi zu ihrem Fest einladen.

Es el mes de abril, la primavera llega a Sevilla y con ella su fiesta más importante: la Feria.[i] Los naranjos **huelen** a flor. Los niños corren por las calles del centro de la ciudad bajo el sol de la mañana. Los más pequeños van a las **guarderías** y los más mayores, al colegio o al instituto. Los supermercados, las panaderías, las pescaderías y las fruterías de la ciudad abren sus puertas y la gente hace la compra para celebrar el primer día de la fiesta popular de la Feria: el famoso *lunes del pescaíto*.[i]

Die **Feria** ist das bekannteste Volksfest in Sevilla. Es wird immer zwei Wochen nach Ostern gefeiert. Normalerweise fällt sie in den April, daher ihr Name **Feria de Abril**, aber es gibt auch Jahre, in denen sie erst Anfang Mai stattfindet. Neben den gut tausend Festbuden (**casetas**) zählen auch Fahrgeschäfte und tägliche Stierkämpfe zu den Attraktionen.

Als **lunes del pescaíto** bzw. „Fischmontag" wird der erste Montag und Tag der Feria bezeichnet. Des andalusischen Dialekts wegen spricht man von **pescaíto** (anstatt **pescadito**).

Los vecinos del Corral del Príncipe, el patio de vecinos más antiguo y conocido del centro de Sevilla, se preparan para celebrar este día tan alegre y especial.

—Hola, Cristina, ¡buenos días! —grita Rafa desde lejos con alegría.

Rafa y Concha vuelven a casa del mercado con Pincho, su perro, y por la calle se encuentran a su vecina Cristina que vuelve del mercado también con su perro, que se llama Roto.

—¡Hola, hermosa! —grita también Concha.

Pincho **ladra** y se mueve muy nervioso porque quiere jugar con Roto.

oler *irr*	reichen, duften
guardería *f*	Kindergarten
ladrar	bellen

—Buenos días, vecinos. Vengo del Mercado de la Encarnación de comprar pescado y verduras para hacer un salmorejo[i] para la fiesta de esta noche. ¿Me podéis ayudar con las bolsas, por favor?

> **Salmorejo** ist ein typisches Gericht aus Südspanien, ursprünglich aus Córdoba. Tomaten, Brot, Olivenöl, Knoblauch und Salz werden püriert, durchs Sieb gestrichen und als eine Art Püree kalt gegessen. Köstlich!

—Claro, **preciosa**. Rafa te ayuda. Yo tengo a Pincho en la mano y no puedo... ¡Venga, Rafa, venga...! —dice Concha muy alto.

—¡Vale, vale, vale...! Ya voy, Concha, ya voy...

Rafa corre para ayudar a Cristina y después los tres entran al famoso Corral del Príncipe de Sevilla. Concha, Rafa y Cristina son vecinos de un corral andaluz.

El corral es un edificio de madera y de color verde muy antiguo y tiene tres **plantas** con muchos apartamentos. Allí viven personas muy diferentes: familias con niños, parejas, artistas, ***bailaores*** de flamenco, poetas, estudiantes... **Alrededor de** estos apartamentos hay un patio muy grande con muchos árboles típicos del sur de España, como las palmeras o los limoneros. En el centro del patio hay también una **fuente** muy bonita con flores y el sonido del agua es muy agradable. Durante todo el día los pájaros vuelan alrededor de esta fuente. Además, el sol de la primavera **brilla** en la puerta de las casas.

precioso/a *m/f*	Hübsche(r)
planta *f*	*hier:* Etage, Stockwerk
bailaor/a *m/f*	Flamencotänzer(in)
alrededor de	rings um
fuente *f*	Springbrunnen
brillar	scheinen
soltar	frei lassen
con sorpresa	überrascht
de repente	plötzlich
detener *irr*	*hier:* ausmachen

Qué bonito está el patio en primavera —dice Cristina con entusiasmo.
—Sí, está precioso y las flores, maravillosas... —repite Concha y **suelta** a Pincho.
—Me parece que tenemos una nueva vecina en el número 12 —dice Rafa señalando el apartamento **con sorpresa**.
Cerca de la puerta de entrada del patio ven una chica rubia muy guapa y con un vestido de color azul. Está bailando sola. Rafa, Concha y Cristina se acercan. **De repente**, la chica, cuando ve a los tres vecinos cerca de ella, **detiene** la música.
—¡Hola, bonita! ¿Tú eres nueva en el patio, no? —le pregunta Concha con mucha curiosidad.
—Buenos días, sí, me llamo Steffi y soy de Alemania...
—Ay, ¿de Alemania? ¡Qué bonito! Yo he visitado Alemania este año. También tengo dos amigos allí —le dice de repente Cristina a Steffi con mucha alegría.
—¿De verdad? —se sorprende Steffi.

Ejercicio 1: Diálogo. Bringen Sie den Dialog in die richtige Reihenfolge!

☐ **a)** —Claro, preciosa, Rafa te ayuda.

[1] **b)** —Hola, Cristina, buenos días.

☐ **c)** —Buenos días, vecinos... ¿Me podéis ayudar con las bolsas, por favor?

☐ **d)** —Hola, hermosa.

—Yo soy Concha y este es Rafa, mi novio, y ella es Cristina, nuestra vecina.

—Yo vivo en el apartamento de arriba ¿qué haces en Sevilla, Steffi? —pregunta Cristina y **da un abrazo** a Steffi.

Steffi se sorprende por el abrazo espontáneo de Cristina.

—Estoy aquí para **cambiar de aires**. La verdad es que **estoy harta de** Múnich. Quiero empezar nueva vida aquí en España, buscar trabajo y conocer la famosa Feria de Abril de Sevilla.

—Qué bien... Pues tienes **suerte**, Steffi, porque esta noche celebramos el primer día de la Feria. Aquí tenemos la tradición de quedar todos los vecinos y comer pescado frito antes del comienzo de la Feria, lo llamamos "lunes del *pescaíto*" —explica Rafa.

dar *irr* **un abrazo**	umarmen
cambiar de aires	auf andere Gedanken kommen, sich verändern
estar *irr* **harto de algo**	etw. satt haben
suerte *f*	Glück
ϟ **para chuparse los dedos**	*hier:* lecker sein
por cierto	übrigens
con confianza	vertrauensvoll
desconocido	unbekannt, fremd
a la vez	gleichzeitig, auf einmal
al parecer	offensichtlich

—Sí, ¡y yo voy a hacer un salmorejo **para chuparse los dedos**! —grita Cristina con emoción.

—¿Qué haces esta noche? ¿Quieres celebrarla con nosotros? **Por cierto**, qué pelo más bonito tienes... —dice Concha tocando el cabello de Steffi **con confianza**.

—¡Sí, claro! ¿Por qué no? —responde Steffi con sorpresa por el gesto de Concha. ¡Nunca le han tocado el pelo personas **desconocidas**! Pero le gusta la compañía, parecen todos muy cariñosos.

En ese momento la puerta del Corral se abre de nuevo y entran al patio un chico y una chica morenos y muy simpáticos.

—¡Vecinos! ¡Es lunes de alegría! ¿Nos vemos esta noche para cenar y bailar? —pregunta el chico.

—Sí... ¡Javi, María! ¡Noticias! Tenemos chica nueva en el patio, se llama Steffi.

Los dos le dan la bienvenida a Steffi que está muy contenta de conocer a todos sus vecinos **a la vez**. Javi es un chico muy guapo con barba y ojos verdes, parece muy alegre. María, **al parecer** su novia, es más morena que el chico y tiene el pelo largo rizado y negro.

—Hola, Steffi, encantada. Vivimos aquí al lado. ¡Sorpresa: somos vecinos! —María señala la puerta al lado del apartamento de Steffi. La entrada de su apartamento está decorada con flores de muchos colores.

—¿Vives aquí sola en el Corral? —pregunta con curiosidad Javi.

—Sí, yo sola.

Ejercicio 2: Ordenar. Bringen Sie die Buchstaben in die richtige Reihenfolge und finden Sie fünf Verben!

1. nacer *cenar*
2. arbial ______
3. carbeler ______
4. erdqua ______
5. rivvi ______

Steffi mira alrededor y la situación le parece muy divertida. Hay muchas personas y todas se interesan por ella. Además, en un par de segundos todos empiezan a hablar muy alto y a la vez sobre los preparativos de la fiesta de la noche: "Yo traigo ensalada", "Nosotros hacemos tortilla de patatas", "No, Rafa va a ir a comprar pescado frito y tortilla al bar", "Yo y Javi llevamos salmorejo y tapas frías", "¿Quién llama a Fausti?", "¿Y las croquetas?".

Es ya mediodía cuando los vecinos se despiden.

—Steffi, entonces nos vemos después a las ocho. Nos reunimos en el patio chico —Rafa señala con la mano un **rincón** del patio donde hay muchas sillas y mesas verdes. Concha y Rafa suben a su apartamento con Pincho, en la segunda planta. Cristina se va con Roto a su casa también y Javi y María se dirigen a su apartamento. Steffi **vuelve a** mirar a la pareja antes de entrar y entonces María le **guiña un ojo**.

rincón *m*	Ecke
volver *irr* **a hacer algo**	etw. erneut tun
guiñar un ojo	(zu)zwinkern
incómodo	unangenehm
cortesía *f*	Höflichkeit
costumbre *f*	Eigenheit, Sitte
dueño *m*	Besitzer, Betreiber
intentar	versuchen

Steffi se siente un poco **incómoda**. Tiene especial curiosidad por Javi, pero ¿por qué su vecina le guiña un ojo? ¿Solo por **cortesía**? ¿Una **costumbre** andaluza?

El bar se llama Faustino pero todos lo conocen como *El Fausti*, por el nombre de su **dueño**. Es el tercer bar donde Steffi busca trabajo esta tarde. Está un poco cansada de andar, y hace mucho calor en Sevilla. Pero Steffi lo tiene muy claro: Múnich, el trabajo monótono de la empresa y su exnovio ya son el pasado. Quiere un cambio en su vida, conocer la gastronomía del sur de España y hacer cosas nuevas y diferentes. ¿Y por qué no **intentar** trabajar en un bar de tapas?

El bar Faustino está muy cerca del Corral del Príncipe, en la céntrica plaza de la Alfalfa de Sevilla. Esta plaza tiene mucha vida: hay familias con niños, perros, kioscos, tiendas y también el bar de tapas más famoso del barrio: *El Fausti*.

—Hola, preciosa —le saluda un hombre alto y muy gordo cuando ve entrar a Steffi por la puerta del bar.

—Hola, busco el Faustino, ¿es aquí?

El hombre sonríe.

—Sí. Y yo soy Faustino de Triana, Fausti para los amigos. ¿En qué puedo ayudarte, preciosa?

Ejercicio 3: Sintaxis. Bringen Sie die Wörter in die richtige Reihenfolge und bilden Sie sinnvolle Sätze!

1. bar El Faustino llama se

   El bar se llama Faustino.

2. muy Está del cerca Corral del Príncipe

   ____

3. buscando está Steffi trabajo

   ____

4. trabajar tapas un bar en Prefiere de

   ____

Steffi sonríe por el **piropo** "preciosa"[i]. El hombre parece **a primera vista** muy simpático y abierto. A Steffi le llama la atención que el bar es muy pequeño y tiene muchas cosas dentro: jamones, pinturas de paisajes con playas de Andalucía, un **escudo** gigante del club de fútbol de la ciudad, fotos de familia en vacaciones, fotografías de **Vírgenes** y la cabeza de un toro cerca de la **barra**.

> Nicht wundern! In Südspanien wird man oft mit einem Kompliment begrüßt, auch wenn man fremd ist.

—Soy nueva en Sevilla y estoy buscando trabajo de camarera. ¿Puedo trabajar aquí? —pregunta Steffi directamente.

—Hoy es lunes de alegría, tienes suerte, Steffi, estoy buscando camareros porque necesito ayuda para los días de la Feria y también todo el mes de mayo, tengo mucho trabajo y toda ayuda es buena.

—Qué bien, me alegro mucho. No tengo mucha experiencia, pero puedo empezar ahora mismo si quieres...

—No **te preocupes**, mujer. Lo bueno es que hablas muy bien español... Pues, a ver, puedes ayudarme a hacer las tortillas de patatas para esta noche, es el *lunes del pescaíto* y tengo muchos **encargos**. Luego preparamos los cafés para la hora de la merienda.[i]

> Die **Merienda** ist eine wichtige Mahlzeit in Spanien, bei der am späten Nachmittag gemütlich – und gern in geselliger Runde – eine Kleinigkeit gegessen wird (Brötchen, Kaffee, süßes Gebäck).

Fausti le da a Steffi un **delantal** para la cocina en el que se lee:
BAR EL FAUSTI
DESAYUNOS, COMIDAS Y MERIENDAS CON MUCHO ARTE.
Poco tiempo después, Fausti y Steffi comienzan a preparar la tortilla. Mientras **pelan** las patatas, Fausti le cuenta a Steffi toda la historia de su vida.

—Tengo una mujer, dos hijos... Mi hijo Javier, el **mayor**, toca la guitarra y baila flamenco... Mi hija baila también, pero solo como *hobby*, ella trabaja en un colegio como profesora de español... ¿Tú a qué te dedicas? ¿Te gusta el flamenco?

—Sí, me gusta mucho, yo bailo un poquito... En Alemania bailamos flamenco en un bar español después del trabajo —contesta Steffi.

—Qué bien, qué bien... Nuestra auténtica tortilla es **casera**, **lleva** doce huevos y seis kilos de patatas —comenta Fausti y sigue hablando de su mujer y de sus vacaciones en Marbella.

piropo *m*	Kompliment
a primera vista	auf den ersten Blick
escudo *m*	Wappen
Virgen *f*	Jungfrau Maria
barra *f*	Theke
preocuparse	sich Sorgen machen
encargo *m*	Bestellung
delantal *m*	Schürze
pelar	schälen
mayor	älte(ste)r
casero	hausgemacht
llevar	*hier:* beinhalten
¡Qué barbaridad!	Meine Güte!

Steffi no se lo puede creer. "¡Debo pelar aún seis kilos de patatas! **¡Qué barbaridad!** ¡Seis kilos de patatas muy gordas y grandes!", piensa una y otra vez.

Cuando pasa una hora entra alguien al bar con una bicicleta.

—Buenas [i], papá, soy yo, ¿qué tal va todo? ¿Ya está todo preparado?

Buenas ist kurz für **Buenas tardes/noches** und eine lockere Grußformel, die in Südspanien und Teilen Lateinamerikas synonym zu **hola** benutzt wird.

En ese momento entra a la cocina y ve a Steffi alrededor de todas las patatas y con el delantal. Entonces sonríe, coge una y dice:

—¡Qué sorpresa! Está aquí la chica alemana de nuestro corral. ¿Qué tal esas patatas?

Steffi **se pone roja**. ¡Es Javi, el chico del patio de vecinos! "Pero un momento, ¡es hijo de Fausti! No puede ser. ¡Qué pequeño es Sevilla!", piensa.

—¡Hola! Pues están muy **ricas**, son para la tortilla... Voy a trabajar aquí en el bar estos meses... —contesta Steffi nerviosa, sin saber muy bien qué decir.

—Qué bien, vamos a tener una **pinche**, espera, te ayudo...

—Sí, hijo, debes ayudar un poco, porque son muchas patatas, yo voy a preparar los cafés, que ya hay algunos clientes en la barra —dice Faustino y sale de la cocina.

Steffi y Javi se quedan solos. La cocina es muy pequeña y están muy juntos. Steffi no sabe qué decir...

Ejercicio 4: ¿Correcto o falso? Welcher Satz ist grammatikalisch korrekt? Kreuzen Sie an!

1. ❐ **a)** Hola, busco el Faustino, ¿es aquí?

   ❐ **b)** Hola, busco el Faustino, ¿está aquí?

2. ❐ **a)** Soy nueva a Sevilla.

   ❐ **b)** Soy nueva en Sevilla.

3. ❐ **a)** Ella trabaja en un colegio como profesora.

   ❐ **b)** Ella trabaja en un colegio por profesora.

4. ❐ **a)** Tengo mucho trabajo.

   ❐ **b)** Tengo muy trabajo.

—Tu padre dice que bailas flamenco, qué interesante...
—Sí, bailo en un *tablao*[i] en el Barrio de Santa Cruz, puedes venir un día, te invito.
—Gracias. ¿Está cerca de aquí? —pregunta Steffi con interés y corta otra patata.

> Als **tablao** wird nicht nur die „Bühne" bezeichnet, auf der Flamenco getanzt und gesungen wird. Das Wort schließt auch das „Lokal" ein, in dem diese Bühne steht. Normalerweise tragen **tablaos** die Namen großer Flamencotänzer, die oft aufgetreten sind und ihre Karriere dort begründet haben.

—¿El *tablao*? Sí, sí, está muy cerca de aquí, a cinco minutos. Te explico: primero sales del bar, **giras** la esquina a la derecha en dirección a la calle Santiago, luego caminas todo recto dos minutos hasta la calle Cardenal Cervantes. Después, giras a la izquierda y vas hasta la plaza de San Leandro, es una plaza pequeña con muchos naranjos. El bar está allí y se llama Tablao Javier Serrano. La entrada cuesta diez euros, pero como vives en el Corral y me conoces, entras gratis.

Steffi se ríe de nuevo. Qué suerte, lleva pocos días en Sevilla y ya va a ver un espectáculo flamenco. ¡Y además conoce al bailaor! ¡Y además es muy guapo!

ponerse *irr* **rojo**	erröten, rot werden
rico	lecker
pinche *m/f*	Küchenhilfe
girar	abbiegen
oportunidad *f*	Gelegenheit

—Sí, claro, es una **oportunidad** fantástica, además es la primera vez que voy a un espectáculo así, solo conozco el flamenco por las clases de español... Hay muchos estilos de flamenco, ¿no? ¿Qué bailas tú exactamente?
—Sí, el flamenco tiene muchos estilos o palos y yo normalmente bailo todos. Hay algunos muy difíciles y otros más fáciles.

Ejercicio 5: ¿Ser o estar? Unterstreichen Sie die richtige Verbform!

1. Las patatas son / <u>están</u> muy ricas.
2. Nuestra auténtica tortilla es / está casera.
3. Es / Está muy duro pelar seis kilos de patatas.
4. Steffi y Javi son / están en la cocina.
5. Para Steffi la entrada al *tablao* es / está gratis.

Ahora hago un espectáculo de flamenco y poesía. Yo bailo flamenco y María lee poemas de Federico García Lorca... Steffi no se lo puede creer. ¡A ella le encanta Federico García Lorca! Pero un momento: "Entonces está claro, María debe ser su novia, la chica del patio que vive con él", piensa Steffi un poco **decepcionada**.

—¿De verdad? Ahora mismo estoy leyendo el *Romancero Gitano*, el libro más famoso de Lorca. Es muy trágico pero precioso.

—Claro, aquí en Andalucía todos conocen su verso más famoso: "Verde que te quiero verde...". Es muy bonito, sí, Lorca es un poeta muy apasionado, como yo, Steffi...

Federico García Lorca (1898–1936) war ein herausragender Lyriker und Dramatiker der spanischen Moderne und Mitglied der **Generación del 27**. Zu seinen größten Werken gehören **„Romancero Gitano"** und **„Bodas de sangre"**. Mit Beginn des spanischen Bürgerkriegs wurde Lorca wegen seiner Homosexualität und politischen Ideen zur Zielscheibe der Franko-Diktatur. Sein Leichnam wurde nie gefunden.

Entonces Javi sonríe y toca la mano de Steffi. Ella se sorprende pero a la vez quiere tocar también su mano... En ese momento entra a la cocina Fausti de nuevo y grita muy alto:

Ejercicio 6: Completar. Lesen Sie weiter und ergänzen Sie die Verbformen im Präsens!

—¡Señores! **1.** Tener – nosotros *Tenemos* muchos pedidos para esta noche. ¿Qué tal **2.** ir ______ esas patatas? ¿Todavía no **3.** estar ______ listas las tortillas? **Venga**, venga, hay muchos clientes esperando, yo **4.** ir ______ a preparar las croquetas y lavar las gambas...

Javi ayuda un poco más y se marcha porque debe trabajar en el *tablao* de seis a ocho. Steffi está muy feliz, pero un poco **confundida**. Javi le gusta, ¿pero qué pasa con María? ¿No es su novia? ¿Por qué toca su mano así entonces? Además se siente mal, porque María le parece también una chica muy buena y simpática.

decepcionado	enttäuscht
venga	komm schon, na los
confundido	verwirrt
banderín *m*	Wimpel
vela *f*	Kerze

Son las nueve de la noche, el patio de vecinos está ya decorado y muy bonito: hay luces, muchas mesas con sillas de colores, **banderines** y también muchas **velas**. De fondo suena el agua de la fuente. Rafa, Cristina y Concha están terminando de colocar los platos con las tapas. En ese momento llega Steffi de trabajar y se acerca a los vecinos. Pincho y Roto ladran y se acercan a ella con mucha alegría para jugar.

caja *f*	Schachtel
recoger	holen
publicidad *f*	Werbung
anuncio *m*	Spot, Anzeige
fijamente	fest

—¡Steffi! ¡Qué alegría! ¿De dónde vienes? —pregunta Cristina con curiosidad.

—Buenas tardes, vecinos... Vengo de *El Fausti*, trabajo allí, ayudo como camarera y pinche. Por cierto, ¡ya sé cocinar tortilla de patatas! —dice y enseña a los vecinos la **caja** con la tortilla.

—Qué rica y qué bien por el trabajo. Fausti es muy simpático, es el padre de...

—Sí, sí, ya lo sé, de Javi...

Concha y Cristina se miran y sonríen. Imaginan que entre Javi y Steffi pasa algo, quieren preguntar más, pero de repente llega María con más comida.

—Hola, vecinos, qué tal estáis, ¿ya está todo listo? Yo traigo una ensalada y croquetas vegetarianas muy ricas, la receta es de mi padre —dice María y da un beso a todos los vecinos. Cuando se acerca a Steffi le da un beso también muy fuerte y muy cerca de la boca. Steffi se sorprende de nuevo.

—Bueno, creo que está casi todo listo: aquí están las tapas frías, como la ensaladilla rusa, y ahí están las tapas calientes, como las croquetas y el pescado frito, allí los calamares fritos...

—¡Un momento, falta mi salmorejo! —grita Cristina muy alto y se va corriendo a su apartamento para **recogerlo**. Rafa y Concha van a su apartamento también a por las bebidas. Steffi y María se quedan solas.

—Qué guapa estás, Steffi, me gusta mucho tu vestido.

—Muchas gracias, es de una tienda del centro, cerca de la Giralda. Lo he comprado esta mañana temprano.
—¿Sí? Yo trabajó muy cerca de la Giralda, en el Colegio Luis Cernuda. Soy profesora. Y tú, ¿en dónde trabajas?
—Qué bonito, profesora... Yo trabajo ahora en un bar cerca de aquí. En Alemania trabajo normalmente en empresas y hago **publicidad**.
—Uau, ¡qué cambio! A mí me gusta mucho la publicidad, los **anuncios**, la creatividad en general.
—Sí, pero a veces es aburrido y duro, prefiero trabajar en algo diferente ahora, hacer una pausa. Por eso estoy aquí.
—Entiendo, sí, a veces es bueno cambiar. ¿Y tienes novio? ¿O novia? —pregunta María y sonríe mirándola **fijamente** a los ojos.

Ejercicio 7: Preguntas. Formulieren Sie die passenden Fragen zu den Antworten!

1. Son las nueve de la noche.

   ¿Qué hora es? ____________________

2. Vengo de *El Fausti*.

   ____

3. Fausti es el padre de Javi.

   ____

4. Nos reunimos en el patio.

   ____

Steffi se sorprende de la pregunta, pero le parece divertido. "¿Novia?, ¿yo novia?", piensa.

—Exnovio en realidad, ahora estoy soltera.

De repente María coge dos vasos y los llena de un vino que hay sobre la mesa y dice:

—Pues un **brindis** por nosotras. Yo estoy soltera ahora también, pero creo que me gusta un poco alguien...

De repente vuelven Cristina, Concha y Rafa.

—Pero bueno, ¿ya estáis bebiendo, chicas? Qué **maleducadas** —dice Cristina **de broma** y se sirve un poco de vino blanco.

—Steffi, esto es rebujito, es una bebida típica, se toma en la Feria de Sevilla —Rafa le enseña a Steffi un **cubo** muy grande con un líquido amarillo transparente, como un vino blanco...

—¿Qué tiene? —pregunta Steffi con curiosidad.

brindis *m*	Prost, Hoch
maleducado	unhöflich
de broma	im Spaß
cubo *m*	Eimer
hierbabuena *f*	Minze
gaseosa *f*	süßer Sprudel
tocar las palmas	rhythmisch klatschen
compositor/a *m/f*	Komponist(in)
mareado	übel, schwindlig

—Pues tiene vino blanco, **hierbabuena** y **gaseosa**, tienes que probarlo, está delicioso —dice Cristina de nuevo muy alto.

Steffi se sirve un poco para probar. Le gusta, sí, le gusta mucho la mezcla de la hierbabuena y el vino.

Entonces Concha empieza a poner música en el teléfono móvil. Suena una melodía muy divertida que a Steffi le suena muy familiar: "*En el Corral del Príncipe pasa la vida...*".

Entonces María empieza a bailar enfrente de Concha. Mueve los pies y las manos al ritmo de la música y a veces las dos chicas se cruzan. A Steffi le encanta cómo se mueve María y cómo se mueve su pelo negro rizado.

—Bailan sevillanas[i], ¿no? —Steffi pregunta a Javi que está sentado a su lado. El efecto del vino comienza.

—Sí, son sevillanas. Es un baile flamenco típico de Sevilla, tiene cuatro partes y normalmente se baila en parejas, pero también se puede bailar en grupos —le explica Rafa a Steffi mientras mueve sus manos y **toca las palmas**.

> Die **Sevillana** ist dem Flamenco sehr ähnlich und der bekannteste Volkstanz Andalusiens. Sie besteht aus vier Teilen (mit ansteigendem Tempo) und wird normalerweise zu zweit, eher spielerisch getanzt.

—Esas sevillanas hablan sobre este patio, ¿no? La letra dice "Corral del Príncipe"... Me gustan mucho.

—Sí, son muy famosas, hablan de este patio hace mucho tiempo y son de un **compositor** llamado el[i] Pali —responde Cristina y le sirve a Steffi un vaso con más rebujito.

—Señoras y señores, todo está listo, ¡vamos a comer!

Steffi se siente un poco **mareada** por tanto rebujito, además el salmorejo tiene mucho ajo, pero se encuentra muy feliz con toda aquella gente tan alegre. Recuerda las manos de Javi en el bar de Fausti y ahora piensa en María bailando sevillanas. No puede ser, ¿por qué piensa en María de esa manera?

> Der bestimmte Artikel, der einen Spitznamen begleitet, wird kleingeschrieben.
>
> **El compositor de sevillanas se llama Francisco de Asís Palacios Ortega, alias el Pali.**

De repente entra al patio Javi con un grupo de chicos con guitarras y también llega Fausti con tres tortillas más.

—¡Pero... Steffi! ¿Tú vives aquí en el patio también? ¡Qué sorpresa! —le saluda su jefe.

—¡Sí, Fausti, vivo al lado de Javi, qué alegría verte otra vez! ¿Qué tal mis tortillas? —Steffi le da un abrazo. Luego busca a

Javi con la mirada, pero él está lejos de ella, con sus amigos y las guitarras.

—Riquísimas, eres una muy buena pinche. Mañana te enseño a hacer croquetas, **albóndigas** con tomate y el famoso adobito sevillano[i].

Cuando todas las tapas están sobre la gran mesa del patio, todo el mundo empieza a comer. Steffi no sabe por dónde empezar. ¡Todo parece muy rico!

> Unbedingt probieren! **Adobito** oder **adobo sevillano** ist eine der klassischsten Tapas Sevillas. Es handelt sich um eine besondere Art, Fisch zum Frittieren vorzubereiten. **Adobo** bezeichnet dabei die Panade aus allerlei Gewürzen.

Rafa es el primero que prueba la tortilla de Fausti.

—Uhm, ¡qué tortilla más rica, Fausti!

—No es mi tortilla, es de Steffi...y de Javi. Ellos la han preparado.

Rafa mira a Steffi y se sorprende.

—Uau, qué rica, Steffi, **enhorabuena**. Qué rica, qué rica...

Javi escucha el comentario y se acerca.

Ejercicio 8: Plural. Bilden Sie die richtigen Pluralformen!

1. la novia ___*las novias*___
2. el vino ______________
3. la mezcla ______________
4. el teléfono móvil ______________
5. una bebida típica ______________

—Steffi es una muy buena cocinera, sin su ayuda, imposible... —dice Javi tocando suavemente el brazo de Steffi.
—No, no, de eso nada, gracias a la ayuda de Javi...
En ese momento se para la música y María se acerca a Steffi.
—¿Me perdonas, Javi?, me gustaría bailar con Steffi.
—¿Conmigo? ¿Ahora? Pero yo no sé bailar...
—No te preocupes, solo tienes que moverte al ritmo de la música conmigo. ¡Venga!
Steffi está aún más mareada, pero **tiene** muchas **ganas de** bailar. Con una sonrisa se disculpa a Javi.
—Vale, vale... ¡Vamos!
—¡Qué bien! Chicas, vamos a bailar la primera sevillana con Steffi —dice María a Cristina y Concha que están en ese momento riéndose con los amigos de Javi.
La música suena de nuevo muy alto y María coge la mano de Steffi. Empiezan a bailar. En unos segundos las tres chicas bailan sevillanas muy rápido. Steffi intenta mirar los pies de María para poder bailar también a su ritmo. María mira mientras la cara de su pareja.
Después de la primera sevillana, bailan la segunda, la tercera y la cuarta. La gente en el patio deja la comida y cantan todos juntos otras canciones conocidas. Los amigos de Javi tocan sus guitarras. A Steffi le parece muy divertido cómo todos bailan juntos y beben vino rebujito sin fin.
Cuando termina una canción, Steffi se siente algo mal. ¿Sigue bailando o el mundo se mueve muy rápido de repente? No lo sabe. Mira el cielo, las luces del patio, ve la cara de Javi por un lado y la cara de María por el otro... Steffi cierra sus ojos. Todo se mueve dentro y fuera... Entonces tiene la sensación de que alguien la besa en los labios. ¿Es un sueño? ¡Ese vino

albóndiga *f*	Fleischbällchen
enhorabuena *f*	Glückwunsch
tener *irr* **ganas de**	Lust haben zu/auf

rebujito! Steffi no puede abrir sus ojos. Solo oye las voces de sus amigos...

—¿Qué le pasa, hermana? ¿**Está borracha**? —Javi se preocupa.

—No sé. Steffi... ¡Steffi! —María intenta reanimarla—. Ayúdame, Javi, le vamos a llevar a la cama.

—¿De verdad? —Steffi se despierta por un segundo y se ríe—. ¿Pero entonces vosotros dos sois hermanos? ¡Hermanos! **¡Qué gracia!**

Ejercicio 9: Sopa de letras. Finden Sie im Gitternetz sechs Gerichte zum *lunes del pescaíto*! Sie sind waagerecht, senkrecht und diagonal versteckt.

A	L	B	Ó	N	D	I	G	A	S
R	D	E	Y	P	A	L	B	U	A
C	R	O	Q	U	E	T	A	S	L
E	P	Ñ	B	R	I	R	Ñ	X	M
T	O	R	T	I	L	L	A	J	O
I	B	Y	E	Ñ	T	E	Q	G	R
Z	O	T	J	H	D	O	S	W	E
L	E	N	S	A	L	A	D	A	J
O	D	I	M	X	D	I	B	M	O
S	A	É	C	R	V	J	A	Y	T

Hay un pájaro pequeño cantando en la ventana del apartamento. El sol de la mañana entra por los cristales de la puerta. No hay música, se escucha el sonido de la fuente de nuevo. Todo está tranquilo. Steffi abre sus ojos. Ve su ropa en una silla y todas sus maletas. Es su habitación. Reconoce sus cosas: sus pantalones vaqueros, su camiseta azul, su falda, sus **pendientes**, sus gafas de sol encima de la mesa... ¿Qué hora es? Steffi se levanta y mira el reloj en el teléfono móvil. Son las nueve de la mañana. Encima de la **mesita de noche** ve un libro de poemas, un papelito con un número de teléfono y una nota sin nombre:

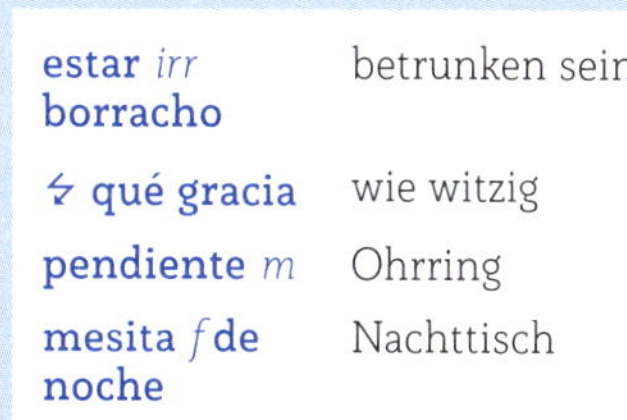

estar *irr* **borracho**	betrunken sein
↯ **qué gracia**	wie witzig
pendiente *m*	Ohrring
mesita *f* **de noche**	Nachttisch

¿Estás mejor? ¿Nos vemos después en la Feria? Hoy empieza nuestro lunes de alegría. ¿Me llamas luego?

Historias en la línea

Ana López Toribio

Nathan ist seit einem Monat in La Línea de la Concepción, der Geburtsstadt seiner Mutter. Doch hat ihn wirklich nur die Sprache hierher geführt? Für ihn fühlt es sich so an, als stecke mehr dahinter. Als er Ana kennenlernt, öffnet sich ungeahnt eine Tür in seine Vergangenheit und Zukunft.

Nathan: Nathan ist ein junger Deutscher mit spanischen und englischen Wurzeln. Richtig angekommen ist er in La Línea noch nicht, es fällt ihm schwer, die Einheimischen richtig kennenzulernen – mit Ausnahme von Ana. In ihrer Gegenwart erfährt Nathan mehr über sich, als er geahnt hat.

Ana: Die lebensfrohe junge Frau aus La Línea promoviert in Geschichte und hat einen Faible für Palindrome. Palindrome?! Das muss sie Nathan erklären, und schon haben die beiden eine Gemeinsamkeit. Zum Glück kann Ana auch helfen, als Nathan Zweifel über seine Vorfahren kommen …

Die andalusische Stadt **La Línea de la Concepción** war vom 15. Jh. bis zur Belagerung durch die Briten zu Beginn des 18. Jhs. der Halbinsel Gibraltar zugehörig. Heutzutage liegt sie an der Grenze zur britischen Kolonie Gibraltar.

—Pues con esto **acabamos** la clase de hoy —dice la profesora **sonriendo**.
—¡Qué calor hace hoy! —**comenta** Nathan a Julie, su compañera de clase—. ¿Qué vas a hacer esta tarde?
—Hay una **exposición** en el Museo Histórico.
—Sí, qué bien, pues si quieres podemos ir juntos.
—**Vale**, pues luego te **mando** un **mensaje**.

Nathan lleva ya un mes en La Línea de la Concepción[i]. Él cree que **ha mejorado** su español, pero **aún** le queda mucho por aprender.
Hoy hace un calor **bastante agobiante**, dicen que las temperaturas van a **subir** aún más en los próximos días. No **está acostumbrado a** este tiempo, en la ciudad en la que vive, al sur de Alemania, el clima es muy diferente. Después de comer **recibe** un mensaje de Julie: "No puedo ir a la exposición, **lo siento**, pásalo bien". **Vaya**, piensa Nathan. No conoce a mucha gente en La Línea, solo **con** sus compañeros del curso de español **queda** de vez en cuando.

acabar	beenden
sonreír *irr*	lächeln
comentar	erwähnen
exposición *f*	Ausstellung
juntos	zusammen
ϟ **vale**	*hier:* ok, einverstanden
mandar	senden, schicken
mensaje *m*	Nachricht
mejorar	verbessern
aún	noch
bastante	ziemlich
agobiante	drückend
subir	steigen
estar *irr* **acostumbrado a**	gewöhnt sein an
recibir	bekommen
lo siento	es tut mir leid
ϟ **vaya**	*hier:* ach was, na toll
quedar con alguien	sich mit jdm. treffen

No le **apetece** mucho ir solo, pero no tiene otro plan.

—Una **entrada** para la exposición —dice Nathan a la entrada del museo.

—Aquí tiene —responde la mujer al otro lado del **cristal**.

Cuando entra ve a un grupo de menos de diez personas, parece que es una exposición **guiada**.

Nach dem Tod Karls II., der keinen leiblichen Erben hinterließ, wird Philipp von Anjou mit Unterstützung Frankreichs neuer König von Spanien. Da noch zwei weitere indirekte Erben Anspruch auf den Thron erheben, beginnt der spanische Erbfolgekrieg (1701–1714).

—Bienvenidos a la exposición sobre la Guerra de Sucesión [i] —comienza a hablar un hombre en el centro.

Nathan escucha las explicaciones **atentamente**, pero no entiende todo. **Por suerte**, los cuadros de la exposición le ayudan a comprender **de** qué **trata**. Llega el final de la exposición, el **guía se despide** y la gente se va.

—¿Has entendido algo? —escucha Nathan una **voz** a su lado.

Una chica **morena**, pequeña, más o menos de su edad le sonríe esperando una **respuesta**.

—Eh, sí, algunas cosas sí entiendo, pero otras no —responde Nathan algo nervioso.

—Por el acento, imagino que eres alemán —dice la chica.

apetecer	Lust haben
entrada *f*	*hier*: Eintrittskarte
cristal *m*	Glas(scheibe)
guiado	geführt
atentamente	aufmerksam
por suerte	zum Glück
tratar de algo	von etw. handeln
guía *m/f*	Fremdenführer(in)
despedirse *irr*	sich verabschieden
voz *f*, **voces** *f pl*	Stimme
moreno	*hier*: brünett
respuesta *f*	Antwort
adivinar	erraten
pensativo	nachdenklich
casualidad *f*	Zufall
contento	froh

Ejercicio 1: El tiempo. **Welches Wort ist das „schwarze Schaf"? Unterstreichen Sie!**

1. hace calor | hace ruido | hace frío
2. nieve | hielo | viento
3. mes | clima | tiempo
4. isla | sur | este
5. soleado | mejorado | nublado

—Sí, muy bien. Así que no hablo tan bien español.
—Bueno, eso no lo sé, pero soy muy buena **adivinando** acentos.
—Ah, qué bien. Soy Nathan, ¿y tú?
—Me llamo Ana.
Ana se queda un momento **pensativa**.
—¿Cómo se escribe tu nombre?
—Pues... ene, a, te, hache, a, ene.
—¿Así se escribe en alemán?
—Exacto, ¿por qué lo preguntas?
—Porque en español tu nombre se escribe sin hache, entonces sí tenemos un palíndromo perfecto.
—Un pali... ¿qué?
—Un palíndromo, que se puede leer la palabra de un lado al otro y al revés y tenemos la misma palabra. Como mi nombre, también es un palíndromo, qué **casualidad** —explica Ana **contenta**.
—Ah, ahora entiendo —le responde Nathan con una sonrisa.

—No te lo he dicho, pero sé algo de alemán. Voy a un curso que dan en la Universidad de Cádiz, pero ya sabes, España no es un buen lugar para aprender **lenguas extranjeras**.

—Ah, ¿y eso? Espera, ¿por qué no tomamos un café y me **cuentas**?

—Vale —acepta Ana.

—¿Cuánto tiempo llevas en La Línea? —pregunta Ana de camino a la cafetería.

—Un mes, más o menos.

Ana **pone cara de asombro**.

—¿Tan poquito? ¿Y ya hablas así?

—Bueno, es que tengo familia española, por parte de madre.

—Ah, ahora entiendo. ¿Siempre hablas en español con ella?

—Bueno, **desgraciadamente** tengo pocos **recuerdos** de mi madre, **murió** cuando yo solo tenía seis años.

—Vaya, lo siento.

—Pero mi abuela, la madre de mi madre, murió cuando yo tenía trece años y hasta entonces veníamos siempre en verano a La Línea.

—¿Tu abuela era linense?[i] —pregunta Ana **sorprendida**.

lengua *f* **extranjera**	Fremdsprache
contar *irr*	*hier*: erzählen
poner *irr* **cara de asombro**	ein erstauntes Gesicht machen
desgraciadamente	leider
recuerdo *m*	Erinnerung
morir	sterben
sorprendido	überrascht
bromear	scherzen
reír *irr*	lachen
prisa *f*	Eile
proponer *irr*	vorschlagen
servilleta *f*	Serviette
acercarse	sich nähern

Die Namen der Einwohner lassen sich oftmals leicht von der Stadt ableiten:

Madrid – **madrileño/a**
Barcelona – **barcelonés/barcelonesa**
La Línea – **linense**
Andere sind unregelmäßig:
Cádiz – **gaditano/a**
Huelva – **onubense**
Badajoz – **pacense**

Ejercicio 2: Verbos irregulares. **Unterstreichen Sie die richtige Verbform!**

1. (Yo) No puedes / puedo ir contigo al museo.
2. (Yo) Todavía no conozco / conoce a mucha gente.
3. (Nosotros) Quieren / Queremos una entrada, por favor.
4. Yo voy / vamos a clase por la mañana y ella van / va por la tarde.
5. Yo soy / son de Alemania, ¿y tú? ¿De dónde es / eres ?

— Sí, sí.
—Vaya, como la mía. ¿Y de qué parte de Alemania vienes?
—Del sur, una ciudad que se llama Ulm.
—Ah, igual allí se habla con acento andaluz también —**bromea** Ana.
—¿Cómo has dicho antes? Qué causa... casul...
—Casualidad, qué casualidad.
—Eso, eso —responde Nathan **riendo**.
—¡Ay, madre! ¡Qué tarde! Y tengo que hacer tantas cosas... —dice Ana mirando el reloj.
—¿Tienes **prisa**? Tranquila, te invito al café.
—Gracias —dice mientras se levanta.
—Si quieres, dame tu número y quedamos otro día con más tiempo —**propone** Nathan algo nervioso.
—Claro, claro. Te lo escribo en esta **servilleta**. Aquí lo tienes, me tengo que ir. ¡Encantada! —dice Ana **acercándose** a la puerta.

Ejercicio 3: Combinar. **Welche der folgenden Satzteile gehören zusammen? Ordnen Sie zu!**

1. [c] Te invito a	**a)** tu apellido?
2. [ ] ¿Sabes qué	**b)** de teléfono?
3. [ ] ¿Cómo se escribe	**c)** un café.
4. [ ] ¿Cuál es tu número	**d)** mucho español.
5. [ ] Lo siento, no hablo	**e)** hora es?

Nathan se queda sentado en la cafetería, un poco **impresionado** por este **encuentro**. "Qué **divertido**, cuántas cosas **tenemos en común**", piensa mientras bebe el café. Nathan está contento, por fin conoce a alguien de La Línea, ahora se siente un poco más **integrado**.

Los días pasan tranquilamente en esta curiosa ciudad, donde **se confunde** el acento andaluz con el inglés gibraltareño.

El curso de español organiza actividades variadas. Una de ellas es la visita a Gibraltar. No es la primera vez que Nathan va a Gibraltar. Su padre, de origen inglés, siempre que va a la Línea quiere **dar una vuelta** por Gibraltar, donde puede hablar inglés con tranquilidad. Esta vez el grupo tiene una visita turística por

impresionado	beeindruckt
encuentro *m*	Begegnung
divertido	lustig
tener *irr* **en común**	gemeinsam haben
integrado	integriert
confundirse	*hier*: sich vermischen
dar *irr* **una vuelta**	bummeln, spazieren

la ciudad y Nathan **se entera de** algunas cosas desconocidas hasta el momento. Pero no puede **quitarse de la cabeza** a Ana y decide mandarle un mensaje. Su intuición le dice que tiene que verla **de nuevo**.

"¿Te apetece dar una vuelta por el **puerto** mañana por la tarde? Va a hacer buen tiempo...", bromea Nathan en el mensaje, pues en Cádiz gran parte del año hay sol. Ana responde después de unas horas: "Te cuento mañana, estoy muy **liada**".

enterarse de algo	etw. erfahren
↯ quitarse algo de la cabeza	sich etw. aus dem Kopf schlagen
de nuevo	wieder, erneut
puerto *m*	Hafen
↯ liado	*hier*: beschäftigt
impaciente	ungeduldig
aclarar	(er)klären
duda *f*	Zweifel

Ejercicio 4: Completar. Lesen Sie weiter und ergänzen Sie den Text mit den passenden Substantiven!

verano paseo cosas vacaciones días

Nathan está **impaciente**. "¿Por qué Ana tiene tantas **1.** *cosas* que hacer? ¿Es casi **2.** ______ y no tiene **3.** ______?".

Está deseando volver a verla para **aclarar** todas estas **dudas**.

Finalmente quedan dos **4.** ______ después. Dan un **5.** ______ muy agradable.

—Eres la única española que conozco que trabaja tanto en esta época del año, ¿cómo es posible?

—Oye, eso es un **tópico**, los españoles trabajan mucho, no sé por qué tenemos esa **fama** de que no trabajamos. Creo que simplemente no le damos tanto importancia al trabajo como en otras culturas.

tópico *m*	Klischee
fama *f*	Ruf
llevar con algo	*hier*: mit etw. beschäftigt sein
agobiado	überlastet, unter Druck
investigar	untersuchen
guerra *f*	Krieg
sonar *irr*	sich anhören, klingen
conclusión *f*	Schlussfolgerung
reunión *f*	*hier*: Termin, Treffen
director *m* **de tesis**	Doktorvater

—¿Sabes lo que dicen en Alemania? En España se trabaja para vivir y en Alemania se vive para trabajar.

—No sé cómo es en Alemania, pero en España creo que se trabaja para vivir. Este año quiero terminar la tesis, ya **llevo** cinco años **con** ella y estoy un poco cansada. Por eso ahora estoy tan **agobiada**.

—Ah, ahora entiendo. ¿Sobre qué escribes?

—El tema es el de la exposición del museo, sobre la Guerra de Sucesión.

—¿Y qué **investigas** tú exactamente?

—Estoy haciendo un estudio antropológico e investigo la influencia cultural y social de esta **guerra** en los linenses y gibraltareños.

—**Suena** interesante, ¿tienes alguna **conclusión**?

—No, por ahora solo tengo algunas hipótesis. Mañana tengo una **reunión** con mi **director de tesis**.

—¿Dónde encuentras información tan antigua?

—Sobre todo en los Archivos Históricos. También he estado varias veces en Inglaterra.

—Es divertido que esta parte tan al sur de la **Península Ibérica** es de Gran Bretaña, ¿no?

—Sí, aquí siempre bromeamos con eso. Decimos que Gran Bretaña ha hecho la guerra por[i] tener un **trozo** soleado en su **Corona**.

Die Präposition **por** erklärt zumeist den Grund und **para** das Ziel:

Lo hago por ti. (Das mache ich deinetwegen/dir zuliebe.)

Lo hago para ti. (Das mache ich für dich.)

—Sí, qué bueno —se ríe Nathan—. Y no **me extraña**, porque en Gran Bretaña no se ve el sol…

—¿Has estado alguna vez allí?

—Sí, muchas veces. Mi padre viene de Inglaterra.

—**Qué gracia**, qué familia tan internacional tienes.

—Sí, es verdad.

—Así que hablas alemán e inglés perfectamente y español bastante bien.

—Sí, gracias, el español es **sobre todo** lo que quiero mejorar. Por eso voy a clases.

—¿Y conoces ya a muchos españoles?

—No, sobre todo quedo con la gente del curso de español.

—Ah, **qué pena**, así poco español vas a practicar —comenta Ana pensativa—. Mira, el viernes tengo una cena en un bar del centro, es el **cumpleaños** de una de mis mejores amigas, si quieres puedes venir. Aquí la gente es muy abierta, seguro les pareces muy simpático.

—Genial, sí, encantado de ir.

—¿Te gusta el flamenco?

Península Ibérica *f*	iberische Halbinsel
trozo *m*	Teil, Stück
Corona *f*	*hier*: (britische) Krone
extrañarse	erstaunt sein
ϟ **qué gracia**	wie witzig
sobre todo	vor allem
ϟ **qué pena**	schade
cumpleaños *m*	Geburtstag

—Pues claro, ya sabes que tengo **raíces** andaluzas.
—Ah, sí, claro. Pues en este bar hay un espectáculo después de la cena.
—Suena genial el plan. Qué bien que tienes algo de tiempo para tus amigos.
—Hombre, es el cumple de una buena amiga, tengo que ir, pero no puedo quedarme mucho tiempo **de juerga**.
—Claro, claro.
—**Aunque** aquí nos gusta mucho la fiesta...
—Sí, eso lo sé muy bien —contesta Nathan con una **carcajada**.
—Ya me imagino, es lo primero que aprende la gente **de fuera** —comenta Ana sonriendo.
Se despiden hasta el viernes. Nathan está contento, por fin tiene un plan diferente que con los del curso de español.
Al día siguiente por la tarde le llama su padre.

—¿Qué tal te va, hijo?
—Todo bien, ya sabes, aquí tenemos sol todos los días.
—No como aquí —contesta su padre mirando a la ventana—. Aquí llueve mucho.
—Ya, qué **sorpresa** —comenta Nathan con ironía.
—¿Qué haces por allí?
—Bueno, he conocido a una chica de aquí. Es muy simpática y ahora espero conocer a más españolas y españoles.
—Entonces una linense... —dice el padre algo melancólico, **fingiendo** una sonrisa.

raíz *f*, **raíces** *f pl*	Wurzel
⚡ **estar** *irr* **de juerga**	Party machen
aunque	obwohl
carcajada *f*	Gelächter
de fuera	*hier*: fremd, von außerhalb
sorpresa *f*	Überraschung
fingir *irr*	vortäuschen
en silencio	stillschweigend
enterrado	begraben
obligatorio	verpflichtend
alegrarse de	sich freuen über
abrazo *m*	Umarmung
cantarín, cantarina	sangesfroh

Ejercicio 5: ¿Verdadero o falso? Welche Aussagen sind richtig? Kreuzen Sie an!

1. **a)** La tesis es sobre la Guerra de Sucesión. ❒

   b) La tesis es sobre la Segunda Guerra Mundial. ❒

2. **a)** El padre de Nathan es alemán. ❒

   b) El padre de Nathan es inglés. ❒

3. **a)** Nathan habla alemán, español y francés. ❒

   b) Nathan habla alemán, inglés y español. ❒

4. **a)** Ana invita a Nathan a una fiesta de cumpleaños. ❒

   b) Nathan invita a Ana a una fiesta de cumpleaños. ❒

Los dos se quedan unos segundos **en silencio**—. ¿Has ido a Sierra Carbonera?

—No, aún no.

Sierra Carbonera es el lugar donde está **enterrada** su madre y sus abuelos. Nathan siempre tiene dificultades para ir allí, pero su padre cree que es una visita casi **obligatoria**.

—Bueno, **me alegro de** hablar contigo.

—Yo también, papá. Un **abrazo**.

—Otro para ti, hijo.

La conversación con su padre deja a Nathan un tanto nostálgico. Apenas se acuerda de su madre. A su abuelo Simón, el padre de su madre, no lo conoció. Y de su abuela, Rocío, tiene un recuerdo muy alegre, una mujer pequeña y **cantarina**.

Al día siguiente decide ir a Sierra Carbonera. Allí piensa mucho sobre su familia y sobre La Línea.
Nathan **se da cuenta de** que es es la primera vez que decide venir a La Línea por su **propia** iniciativa. Debe de significar algo que ahora está aquí. Pero todavía no sabe qué.

Ejercicio 6: Verbos. Lesen Sie weiter und ergänzen Sie die passenden Verbformen!

ve va presenta es está llega

Ya **1.** *es* viernes y Nathan **2.** ________ algo nervioso. Cuando **3.** ________ al restaurante donde **4.** ________ a ser la cena, **5.** ________ a Ana con un grupo numeroso de gente. Ana **6.** ________ a Nathan a todos sus amigos.

—No me voy a acordar de tantos nombres —dice Nathan un poco **avergonzado**.
—No pasa nada —responde Ana—, lo importante es **pasárselo bien**.
Ana parece más **relajada** que la última vez. Seguro que es por la tesis, pero no quiere preguntarle.
En la cena Ana se sienta cerca de Nathan, así que habla con él de vez en cuando, pero los dos tienen la **oportunidad** de hablar y reírse con los demás. Al final del espectáculo, el cantaor[i] dice por el micrófono:

> Speziell beim Flamenco spricht man von *cantaor/a* (Sänger/in) und *bailaor/a* (Tänzer/in). Für andere Musikstile werden **el/la cantante** und **bailarín/bailarina** benutzt.

—Esta noche tenemos a alguien con nosotros que cumple hoy veinticinco añitos, un aplauso para ella.
La gente aplaude y mira a la mesa donde están sentados Nathan y Ana. El cantaor comienza a cantar una canción **felicitándola** por su cumpleaños y la bailaora le **acompaña** con un baile flamenco. A Nathan le parece un momento mágico. **Tiene los pelos de punta**.
—Ha sido muy emocionante, ¿no?
—Sí, realmente emocionante —responde Nathan sonriendo.
Llega el final de la cena y Ana se despide de sus amigas y amigos.
—Si quieres te acompaño, tu casa está de camino a la mía —propone Nathan.
—Está bien.

Es una noche templada con un aire romántico. Nathan y Ana están más alegres que normalmente porque han bebido algo durante la cena.
—El espectáculo ha sido espectacular —dice Nathan.
—Qué divertido suena eso —contesta Ana riéndose.
—¿Eso es otro pali... palíndromo? —pregunta Nathan entre risas. Ana suelta una carcajada. Nathan cada vez tiene más **confianza** con Ana y se siente mejor en compañía de ella.
—En serio, *palíndromo* es una palabra muy divertida —añade Nathan—. Y nunca antes me ha dicho alguien algo así sobre mi nombre.

darse *irr* **cuenta de**	bemerken, sich bewusst werden
propio	eigen
avergonzado	verschämt
pasárselo bien	sich amüsieren
relajado	entspannt
oportunidad *f*	Gelegenheit
felicitar	gratulieren, beglückwünschen
acompañar	begleiten
↯ **tener** *irr* **los pelos de punta**	Gänsehaut haben
confianza *f*	Vertrauen

—La verdad es que, ahora que lo pienso, es la primera vez que conozco a otra persona con un nombre palíndromo que no es Ana —comenta pensativa.

—Bueno, pues aquí estamos. Los dos palíndromos.

Ana **rompe a reír**.

Están llegando a casa de Ana y Nathan no quiere despedirse sin saber cuándo va a volver a verla.

—¿Ahora te vas a **encerrar** en casa a escribir la tesis y nunca más vas a tener tiempo libre? —pregunta Nathan en tono irónico.

—No, hombre, algún día nos vemos. Yo te escribo un mensaje, ¿vale?

—Está bien, buenas noches y gracias por esta **velada** —dice Nathan **acariciándole** la **mejilla** a Ana.

Nathan se va a casa. Está claro que siente algo por Ana, quiere estar con ella más tiempo, pero ¿cómo?

Los días siguientes Nathan piensa cómo puede acercarse a Ana y quizá ayudarle con su tesis. Decide volver a la exposición en el Museo, quizá allí **se le ocurre** algo. Esta vez no hay guía ni grupo, el ambiente es muy tranquilo. Mira los cuadros tranquilamente. Se para delante de uno que representa la **toma** de la ciudad de Gibraltar por los británicos. Se pueden ver muchos militares en una plaza y algunas personas vendiendo en un mercado. Abajo a la izquierda hay una **fecha**: agosto de 1702. En el centro, el **almirante** Rooke, **responsable** de la estrategia militar de **invadir**

romper *irr* **a reír**	in Gelächter ausbrechen, loslachen
encerrar	einsperren
velada *f*	Abend
acariciar	streicheln
mejilla *f*	Wange
ocurrírsele algo a alguien	jdm. etw. einfallen
toma *f*	*hier:* Erstürmung
fecha *f*	Datum
almirante *m*	Admiral
responsable	verantwortlich
invadir	einfallen, einmarschieren

Gibraltar. **De repente** ve algo que **llama su atención**. En una **bandera** se puede leer *Villin*. Es un **apellido**. Es también el apellido de Nathan, el apellido de su padre, de su abuelo y de su bisabuelo. Vuelve a leerlo. Villin. Entonces, ¿tiene que ver su familia con la toma de Gibraltar? Su padre nunca le ha contado nada sobre esto. ¿O es simplemente una **coincidencia**? Nathan siente que tiene que **averiguar** más sobre esta historia. Y ya sabe dónde hay respuestas. Cuando llega al Archivo Histórico ve a un hombre con uniforme.

de repente	plötzlich
llamar la atención	Aufmerksamkeit erregen
bandera *f*	Flagge
apellido *m*	Familienname
coincidencia *f*	Zufall
averiguar	herausfinden

—Buenas tardes —le saluda el hombre.

—Buenas tardes. ¿Está abierto el archivo?

—Sí, está abierto. ¿Es usted investigador?

—No... bueno, sí... Es complicado... —Nathan no sabe cómo explicar la situación.

Ejercicio 7: Pretérito Pefecto. Ergänzen Sie die Verben im Perfekt!

1. Nathan ya mejorar *ha mejorado* su español.
2. ¿ Entender , tú ______________ qué es un palíndromo?
3. ¿No te decir ______________ que sé alemán?
4. Ser ______________ una noche estupenda.
5. Ana y Nathan tomar ______________ unas copas.

—Si no tiene **carnet**, no puede pasar, señor.

—Está bien, gracias. Hasta luego —se despide Nathan.

Nathan se va a casa. Está un poco **decepcionado**. No **para de** pensar en el cuadro que ha visto en el Museo. ¿De verdad sus **antepasados** tienen que ver con la invasión de Gibraltar? De un momento a otro Nathan lo ve muy claro. Ahora sabe por qué está y qué tiene que averiguar en La Línea, la ciudad que se crea porque la gente **huye** de los militares británicos. Él está en La Línea por el pasado, un pasado que ya no conoce. Cuando llega a casa, comienza a buscar en internet [i] sobre su apellido. No es un apellido muy **extendido**, pero no hay mucha información. Así que decide llamar a Ana. La busca entre sus contactos. Ahí está. Suena un tono. Dos. Tres. Cuatro. "¡Por favor!". Cinco tonos.

> Das Wort **internet** wird normalerweise ohne Artikel benutzt: **Me conecto a internet./En mi casa no tenemos internet.** Laut der Real Academia Española (RAE) sind beide Genera – maskulin und feminin – gültig.

—¡Hola! —contesta Ana al otro lado.

—¡Hola, Ana! ¡Qué **alegría** oírte! —dice Nathan bastante nervioso.

—¿Qué tal? ¿Cómo va todo?

—Bien, bien, ¿y tú?

—Bien, como siempre, ya sabes, bastante liada.

—Sí, sí, lo siento, no quiero **molestarte**. Mira, es que... Bueno, no sé cómo empezar.

—¿Qué pasa, Nathan?

—No, nada, tranquila, está todo bien. Es solo que necesito tu ayuda.

—¿Y en qué te puedo ayudar?

—**He descubierto** algo. Bueno, no, en realidad, no.

—No entiendo nada, explícame con **calma**.

—He estado otra vez en el Museo y creo que mis antepasados tienen algo que ver con la **ocupación** británica de Gibraltar.

—¿Qué? —dice Ana sorprendida—. ¿Cómo lo sabes?

—Por eso te llamo, es que aún no estoy totalmente seguro. Necesito tu ayuda para **acceder** al Archivo Histórico.

—Si eso es verdad, ¡es fascinante! Mañana tengo que ir al Archivo, ¿por qué no vienes conmigo y lo miramos?

—Claro, genial. Sí, perfecto —**balbucea** Nathan de pura alegría.

—Entonces, hasta mañana.

Al día siguiente Nathan espera **con impaciencia**.

Cuando llegan al Archivo, una mujer saluda a Ana. Por suerte no está el mismo hombre de ayer, piensa Nathan.

—Hola, Carmen, ¿cómo estás? —le responde Ana con cierta confianza.

—Bien, como siempre. ¿Y tú? ¿Hoy vienes con **compañía**?

—Sí, él está de visita, está bien si pasa conmigo, ¿verdad?

La mujer mira un momento a su **alrededor** sin decir nada y hace un gesto con la cabeza diciendo que sí.

—Gracias, Carmencita, eres un sol[i].

carnet *m*	Ausweis
decepcionado	enttäuscht
parar de + *inf.*	aufhören zu
antepasado/a *m/f*	Vorfahr(in)
huir *irr*	fliehen
extendido	verbreitet
alegría *f*	Freude
molestar	stören
descubrir *irr*	entdecken
calma *f*	Ruhe
ocupación *f*	*hier*: Besctzung
acceder	reinkommen, Zugang erhalten
balbucear	stottern
con impaciencia	ungeduldig
compañía *f*	Begleitung
alrededor *m*	Umgebung

In der gesprochenen Sprache sind metaphorische Ausdrücke sehr üblich, vor allem um Dankbarkeit und Zuneigung zu zeigen: **Eres un sol/amor/tesoro.** (Du bist toll/sehr nett/ein Schatz.)

Ejercicio 8: ¿Verdadero o falso? Welche Antwort ist richtig? Kreuzen Sie an!

1. ¿Qué ha descubierto Nathan en el museo?

   a) Que su abuelo era un almirante. ❐

   b) Que el apellido de su familia paterna está en un cuadro. ❐

2. ¿Qué problema tiene Nathan en el Archivo?

   a) No tiene acceso porque es alemán. ❐

   b) No tiene acceso porque no tiene carnet. ❐

3. ¿A quién llama Nathan por teléfono?

   a) Llama a su padre. ❐

   b) Llama a Ana. ❐

—Esto en Alemania es mucho más difícil —dice Nathan a Ana.
—¿El qué? ¿Entrar en un Archivo Histórico?
—Sí. Si no tienes el carnet, no entras, da igual quién eres.
—Aquí la gente es relajada, me conocen y **confían en** mí.
Ana tiene **experiencia** en buscar información y no necesitan mucho tiempo para encontrar algo.
—Aquí tenemos algo, el día de la ocupación británica. Y aquí un listado de los militares. Con la uve... Valley, Verenice, Vichester... Aquí está. Comandante George Villin.
—George Villin... ¡Se llama como mi abuelo y mi bisabuelo!

—No podemos saber **al cien por cien** si se trata de alguien de tu familia, pero es bastante **probable**.

Ana busca en otro libro y Nathan sigue leyendo el libro que tiene en las manos: "Se calcula que unas cuatrocientas personas **defienden** la ciudad de Gibraltar, mientras que las fuerzas británicas cuentan con diez mil hombres. En seis horas la flota británica, **apoyada** por Holanda, **dispara** más de treinta mil proyectiles, **destruyendo** la mayor parte de la ciudad. La **población** huye a los alrededores y se crea La Línea de **Contravalación** como una estrategia defensiva".

—Es **increíble**...

—Es como una guerra. Si no puedes defenderte, tienes que huir.

—Es horrible... Si es verdad que mi familia **ha tomado parte en** esto...

Ana pone una mano en su **hombro**.

—No **te preocupes**, Nathan, no es tu **culpa**. La historia es historia y no podemos hacer nada para cambiarla.

—Lo sé, pero es muy feo igualmente.

—Sí. Pero bueno, la historia la seguimos haciendo nosotros y creo que tengo suerte de conocer a alguien que **tiene que ver** tanto **con** el tema que estoy investigando —dice Ana mirando a Nathan a los ojos.

confiar en alguien	jdm. vertrauen
experiencia *f*	Erfahrung
al cien por cien	hundert-prozentig
probable	wahrscheinlich
defender *irr*	verteidigen
apoyado	unterstützt
disparar	(ver)schießen
destruir *irr*	zerstören
población *f*	Bevölkerung
contravalación *f*	Belagerungs-mauer
increíble	unglaublich
tomar parte en algo	sich an etw. beteiligen
hombro *m*	Schulter
preocuparse	sich Sorgen machen
culpa *f*	Schuld
tener *irr* **que ver con algo**	mit etw. zu tun haben

—Gracias, Ana.
—¿Por qué? No hay nada que **agradecer**.
—Esto significa mucho para mí. Desde el primer día en La Línea **tengo la sensación** de tener algo que **solucionar** conmigo mismo y seguramente es esto.
Finalmente se van del Archivo Histórico.
Pasan por la playa de la Atunera y ven que están poniendo **madera** en una especie de pirámide.
—¿Qué están haciendo? —pregunta Nathan mirando la playa.

agradecer *irr*	danken
tener *irr* **la sensación**	das Gefühl haben
solucionar	lösen
madera *f*	Holz
hoguera *f*	Lagerfeuer
quemar	(ver)brennen
solsticio *m* **de verano**	Sommersonnenwende
humo *m*	Rauch
anochecer *irr*	dunkel werden
fuego *m*	Feuer
iluminar	erleuchten
sonido *m*	Klang
girarse	sich wenden
reflejado	gespiegelt
atreverse	sich trauen
piropo *m*	Kompliment

—¿Hoy es el 24? Es la noche de San Juan[i], ¿sabes lo que es?
—No, la verdad que siempre he venido en julio con mi familia.
—Ah, pues es la noche más larga del año. Se hacen **hogueras** en las que se **queman** cosas viejas para celebrar el **solsticio de verano**.
—Sí, en Alemania tenemos algo parecido, pero no ahora.
—¿Te apetece venir esta noche a verlo? —propone Ana.
—Claro —responde Nathan entusiasmado.

i Die Nacht vom 23. auf den 24. Juni wird von großen Freudenfeuern erhellt. Der Brauch ist dem alten heidnischen Mittsommerfest nachempfunden, mittlerweile aber mit dem christlichen Fest zu Ehren der Geburt Johannes des Täufers (24. Juni) vermischt. Das erklärt, warum das Fest nicht in der längsten Nacht des Jahres (21. Juni) stattfindet.

Después de unas horas ya se puede ver el **humo** desde varias partes de la ciudad. Está **anocheciendo** y la gente celebra hablando, riendo, cantando, bebiendo alrededor de las hogueras.
—Es impresionante, el **fuego iluminando** la noche y el **sonido** del mar es casi como una canción que lo acompaña —comenta Nathan.
—Es bonito —responde Ana sonriendo.
Nathan **se gira** hacia Ana. Ve el fuego **reflejado** en sus ojos. Le parece que está más linda que nunca.
—Tú eres bonita —**se atreve** a decir Nathan sonriéndola.
Ana responde con una sonrisa, se pone un poco nerviosa por el **piropo**.

Ejercicio 9: Sintaxis. **Bilden Sie sinnvolle Sätze!**

1. sigue | Nathan | leyendo | con interés | el libro

   Nathan sigue leyendo el libro con interés.

2. que le gusta | Ana | sobre un tema | está investigando

   ____

3. como | El comandante | se llama | de Nathan | el abuelo

   ____

4. "Nosotros seguimos | haciendo | Ana dice : | la historia"

   ____

—Hay muchas tradiciones que tienen que ver con el fuego. Hay gente que **salta** las hogueras, dicen que tiene que ser un número **impar** para tener suerte. También es muy **habitual** escribir algo que quieres **olvidar** en un papel y **tirarlo** a la hoguera —comenta Ana.

Nathan se queda en silencio un momento.

—Buena idea —dice mientras busca un papel y un bolígrafo en sus bolsillos. Saca un **billete usado** del autobús, donde escribe algo sobre la invasión de Gibraltar.

—Esta es mi oportunidad de quemar el pasado, la **herencia** de mis antepasados y empezar a mirar el futuro con pensamiento positivo —dice en voz alta mientras se acerca a la hoguera donde tira el papel. Ve cómo rápidamente se quema y **se vuelve cenizas**. Cuando vuelve, ve a Ana sonriéndole. Se acerca a ella mirándole a los ojos y sin pensarlo más, **aproxima** su boca a la suya y **se besan**. Ahora sabe que **está** totalmente **enamorado**. Siente que Ana es la persona entre su pasado y su futuro, la posibilidad de perdonar a su familia y de abrir una nueva puerta hacia el futuro.

saltar	(über)springen
impar	ungerade
habitual	üblich
olvidar	vergessen
tirar	*hier*: werfen
billete *m*	*hier*: Fahrkarte
usado	benutzt
herencia *f*	Erbe
volverse *irr* **cenizas**	Asche werden
aproximar(se)	näher kommen
besarse	sich küssen
estar *irr* **enamorado**	verliebt sein

El encuentro

María Montes Vicente

Als Laura noch klein war, verließ der Vater die Familie. Viele Jahre später erhält sie einen Brief von ihm – und eine Einladung, den Vater auf den Kanarischen Inseln zu treffen. Allein die Entscheidung, die Reise anzutreten, kostet Laura Überwindung. Was erhofft sich ihr Vater? Und was geht in der mittlerweile erwachsenen Tochter vor? Das Wiedersehen wird zur Zerreißprobe und hält eine Überraschung bereit ...

Querido Fran: [i]

Te **sorprende recibir** una carta, ¿verdad? Algo tan viejo, tan pasado de moda. **Incluso** el saludo parece de otra época. Empezar con un *querido*, cuando normalmente te digo *hola, ¿qué tal?*, o un simple *buenas*. Hoy no. Hoy lo vamos a hacer bien, con todas las formalidades que ya **hemos olvidado**. ¿Y sabes por qué? Porque **he recordado** que es muy emocionante abrir el **buzón** y encontrar algo más que **publicidad** y **facturas**. Si lo piensas, el email está pasado de moda también. Ahora todo se dicc a través del móvil. Más rápido, sí, pero más frío. No tiene tanta emoción. **Supongo que** ese interés nace de lo **inesperado** y, sobre todo, de lo **inusual**.
¿Recuerdas el último email que te han enviado? Yo no. Pero sí recuerdo la última carta. No hace tanto tiempo. Unas pocas semanas, nada más. Y recuerdo esa **sensación extraña** de encontrarme en otra época. ¿Quién escribe cartas hoy en día? Nadie. Esta carta de la que te escribo me ha cambiado la vida. **Suena** muy fuerte, lo sé, pero es verdad. Y, claro, algo tan importante no te lo puedo contar por

In spanischen Briefen setzt man nach der Anrede **Querido/a** + Name einen Doppelpunkt. Der Text beginnt in der Folge groß.

sorprender	überraschen
recibir	erhalten, bekommen
incluso	sogar
olvidar	vergessen
recordar *irr*	sich erinnern
buzón *m*	Briefkasten
publicidad *f*	Werbung
factura *f*	Rechnung
suponer *irr* **que**	annehmen, dass
inesperado	unerwartet
inusual	ungewöhnlich
sensación *f*	Gefühl
extraño	merkwürdig, seltsam
sonar *irr*	klingen, sich anhören

whatsapp. No. Esta historia **merece** todas sus letras y **signos de exclamación e interrogación**. ¡Espero ser capaz de escribir sin **emoticonos**! (Los vas a tener que imaginar. Imagina ahora una cara amarilla con el **ojo guiñado** y la lengua **fuera**).

Die **sobremesa** bezieht sich auf die Zeit nach dem Essen, wenn man am Tisch noch in Ruhe sprechen oder sich einfach einen kleinen Moment entspannen kann, um zu verdauen.

Bueno, empiezo ya. Sabes que los viernes siempre como con mi madre. Es el único día que no trabajo por la tarde. **Aprovecho** para verla un rato y comer algo rico sin **congelar** y sin **microondas**. Hace ya tiempo que vivo sola, por eso ahora **aprecio** más esas sobremesas acompañadas. Uno de esos viernes, con el café y la tele **de fondo**, me dice mi madre de pronto:

—Tienes una carta.

—¿Una carta? —le respondo—. De la universidad o del banco o la factura de Internet. Los que no saben que ya no vivo aquí.

—No lo sé, no tiene **remite**.

Sin remite, pienso. Eso ya es más raro. Me encuentro un **sobre** blanco con la **dirección** escrita a mano y, efec-

merecer	lohnen
signo *m* **de exclamación**	Ausrufezeichnen
signo *m* **de interrogación**	Fragezeichen
emoticono *m*	Emoji
ojo *m* **guiñado**	Augenzwinkern
fuera	draußen
aprovechar	(aus)nutzen, profitieren
congelar	einfrieren
microondas *m*	Mikrowelle
apreciar	wertschätzen
de fondo	im Hintergrund
remite *m*	Absender
sobre *m*	Briefumschlag
dirección *f*	Adresse
firmar	unterschreiben
tener *irr* **aspecto**	aussehen
veintitantos	etwa zwanzig
sonrisa *f*	Lächeln

tivamente, sin remite. Lo abro. ¡Ni te imaginas quién **firma** al final! ¡Julio Soto! No te lo puedes creer, ¿verdad? Igual que yo. Pero es correcto, Julio Soto, mi padre. Ese señor que vive su vida desde hace veinte años, que no sé qué hace ni dónde está ni qué **aspecto tiene**. Para mí todavía es un hombre de **veintitantos**, una **sonrisa**, pelo largo y un cigarro en la mano. La imagen que tengo de él es la de esa foto que ya no sé dónde está. ¿Te lo puedes creer?

Ejercicio 1: Carta. Bringen Sie die Teile des Briefes in die richtige Reihenfolge!

☐ **a)** Un beso,

☐ **b)** Hace mucho que no hablamos. ¿Cómo estás? Yo estoy bien, en Barcelona, ya sabes. En el trabajo...

☐ **c)** Sonia

1 **d)** Querido

☐ **e)** me han dicho que me van a hacer directora. ¡Estoy contentísima! ¿Tú sigues en Alicante? Tenemos que organizar un fin de semana para vernos.

☐ **f)** Bueno... Te escribo otro día con más tiempo, ¿vale?

☐ **g)** Juan:

Ese mismo señor que ha olvidado todos mis **cumpleaños** desde los siete, ahora recuerda que tiene una hija y decide ponerse en contacto con ella. Es que **aún no** me lo creo. Y mi madre... Madre mía mi madre. Ya la conoces. Yo, **desconcertada**, pero ella... **indignadísima** (i).

> Adjektive bilden den Superlativ mit der Nachsilbe **-ísimo** bzw. **-ísima**: **indignada – indignadísima**.
> Die Endungen werden in Zahl und Geschlecht an das Substantiv angepasst. **Rico, poco, fuerte, bueno** u. a. haben unregelmäßige Superlativformen: **riquísimo, poquísimo, fortísimo, bonísimo**.

—¡Pero este qué se cree! ¿Cree que puede **aparecer de repente**? ¡No señor! **¡Ni hablar! ¡Qué poca vergüenza!**

Tienes que imaginar la situación. Mi madre, hablando sola por el salón. Gritando mientras yo leo la carta de un desconocido.

Querida hija escribe en la primera línea. Suena tan antiguo como mi carta, pero además escribe *hija*.

Ejercicio 2: Ordenar. **Bringen Sie die Buchstaben in die richtige Reihenfolge und finden Sie fünf Substantive!**

1. metrie ______ *remite* ______
2. códrecini ____________
3. lesol ____________
4. ebros ____________
5. crata ____________

¡Qué extraño escuchar *hija*, o leerlo, de una persona que no es mi madre! *¿Cómo estás?* Me pregunta. Y yo me pregunto, ¿cómo estoy hoy?, ¿ayer?, ¿hace diez años?, ¿veinte?... Me escribe como el que lo hace cada día. ¿Qué respuesta espera? *¿Bien, mal, así así?...* Y noto que el **enfado** de mi madre me está **alcanzando**. Decido leer esa carta sin enfadarme. Lo más neutral posible. Si analizo cada palabra, no voy a acabar nunca.

cumpleaños *m*	Geburtstag
aún no	immer noch nicht
desconcertado	schockiert
indignado	empört
aparecer *irr*	*hier:* auftauchen
de repente	plötzlich
¡ni hablar!	ausgeschlossen
¡Qué poca vergüenza!	Wie unverschämt!
enfado *m*	Ärger
alcanzar	erreichen, einholen
estable	stabil
darse *irr* **cuenta de algo**	etw. bemerken, wahrnehmen
correr	rennen
parar	stoppen, anhalten
dar *irr* **la vuelta**	umkehren
ni siquiera	nicht einmal
contar *irr*	erzählen

Parece ser que vive en Canarias. No sé si desde hace mucho. Él nunca ha sido una persona demasiado **estable**. Me imagino que ha viajado por el mundo hasta **darse cuenta de** que ya está cansado. Pienso en él y me lo imagino como Forrest Gump, ¿recuerdas la película? Me lo imagino **corriendo** sin **parar** durante años, sin objetivo ni plan ni proyectos. Solo correr día y noche porque le gusta. Nada más. Hasta que un día de pronto decide parar. ¿Por qué? Porque está cansado. **Da la vuelta** y vuelve a casa. Así lo imagino. No sé si ha vuelto a casa, **ni siquiera** sé dónde está su casa. Pero, de momento, está en Canarias.

Me **cuenta** poco sobre su vida.

Ejercicio 3: Completar. **Lesen Sie weiter und ergänzen Sie die Verbformen im Präsens!**

Me cuenta que **1.** vivir *vive* allí, que me **2. echar** ________ **de menos**, que **3.** sentir ________ el tiempo perdido, que **4.** tener ________ muchas fotos de los buenos momentos, bla, bla, bla. Ya **5.** recordar ________ más que yo.

Con los años nos volvemos más sensibles. Para mí, Julio siempre ha sido un **alma** [i] libre. Aún no se **ha ganado** el **derecho** a llamarlo *padre*, así que *Julio* está bien. Eso es, un alma libre. Para bien y para mal. Cuando eres niño todo te parece más atractivo. No es lo mismo tener un padre que trabaja de ocho a tres en la oficina, que tener un padre que está de expedición en África. No tengo más que tres o cuatro postales suyas: Cabo Verde, Chile, Nueva Zelanda... Siempre lugares exóticos, con **naturaleza virgen** y animales de los que solo puedes ver en el zoo. No recuerdo nada sentimental en esas postales. Un breve *te quiero* al final y la **promesa** de *nos vemos pronto*.

> Weibliche Substantive, die mit einem betonnten **a-** bzw. **ha-** beginnen, werden im Singular vom männlichen Artikel begleitet: **el agua, el hacha, el águila**. Im Plural bleibt der weibliche Artikel erhalten: **las aguas, las hachas, las águilas**.

Bien, pues el *pronto* ha llegado. No ha sido lo que se dice *pronto*, pero sí. Después de un par de **párrafos** de nostalgia y buenos **deseos**, llega el mensaje importante:

—Me gustaría verte.

No faltan tampoco unas **disculpas**. Disculpas que llegan demasiado tarde, pero, como te he dicho, he decidido leer su carta sin enfado. Así que tomo las disculpas como **sinceras**, y decido creer cada una de sus palabras.

—Sé que ha pasado mucho tiempo, que no nos conocemos y que yo soy el único **responsable**. Pero me gustaría **arreglarlo** y conocerte ahora que eres una mujer.

Otra de sus frases **profundas**. He pensado también que en sus muchos viajes se ha convertido al budismo o a cualquier otra religión zen. No lo conozco **en absoluto**. Claro que mi madre **duda de** esta nueva personalidad suya. Mi madre, **por supuesto**, todavía sigue enfadada en la cocina. Ha hablado con mi tía, mi abuela y con alguna vecina.

Así es, Julio quiere verme.

Al terminar de leer la carta, encuentro una dirección y una fecha: martes, 23 de mayo a las 18 h. Cervecería Pérez. C/ Obispo Codina, 6, Gran Canaria.

Lo primero que se me viene a la cabeza es:

—¿Encima soy yo la que te tiene que ir a buscar? ¡Qué poca vergüenza!

echar de menos	vermissen
alma *f*	Seele
ganar	verdienen
derecho *m*	Recht
naturaleza *f* **virgen**	unberührte Natur
promesa *f*	Versprechen
párrafo *m*	Absatz
deseo *m*	Wunsch
disculpa *f*	Entschuldigung
sincero	ehrlich, aufrichtig
responsable *m/f*	Verantwortliche(r)
arreglar	in Ordnung bringen
profundo	tiefgründig
en absoluto	überhaupt nicht
dudar de algo	etw. bezweifeln
por supuesto	natürlich, selbstverständlich

¡Ay! **Me parezco a** mi madre, ¡qué horror!

En ese momento, me doy cuenta de que en el sobre hay algo más. Un **billete de avión** y una frase:

—Espero verte allí.

Un billete gratis a Canarias. Visto así, no está tan mal. Es una buena **oportunidad** para visitar la isla. Siempre he querido ir, pero cuando no es el dinero, es el tiempo, ¡qué te voy a contar! Mi madre, por supuesto, está en contra. Ella solo repite:

—¡Ni hablar! No, no y no. Olvídalo[i], no vas a ir.

Y **tiene razón**. Lo sé. Pero... sigue siendo un billete gratis a Canarias. Mi primera reacción es pensar que nadie me **obliga a** ir a la cita; puedo aprovechar el billete y, simplemente, no ir al encuentro. No es muy ético, lo sé. El nuevo espíritu zen de Julio no funciona conmigo. Aquí es donde tienes que imaginarte otra cara amarilla con una sonrisa enorme o uno de esos **muñecos** que parece que hace yoga.

> Dativ- als auch Akkusativpronomen werden direkt an die positive Befehlsform angehängt: **Olvídalo. Siéntate. Pregúntaselo.**
> Die Befehlsform für die 2. Person Singular leitet sich von der 3. Person Singular Indikativ ab. An der Betonung des Verbs im Imperativ ändert sich nichts.

Es una decisión importante, ¿te das cuenta? En realidad, no sé si quiero ir. ¿Para qué? ¿Para **fingir** que no me importa haber vivido sin él y **convertirnos en** una familia feliz? ¿Para **descargar** todo mi odio sobre

parecerse *irr* **a**	sich ähneln
billete *m* **de avión**	Flugticket
oportunidad *f*	Chance
tener *irr* **razón**	recht haben
obligar a	zwingen zu
muñeco *m*	Figur
fingir	vortäuschen
convertirse en algo	zu etw. werden
descargar	*hier:* auslassen, entladen

una persona que ni siquiera conozco? Ninguna de las dos opciones me parece la correcta. Si decido ir, debe ser con una **intención**. Yo dirijo la conversación y yo pongo las **condiciones**. Él me ha escrito varias páginas y me ha dicho todo lo que ha querido, sin pausa. Ahora **es mi turno**.

Ejercicio 4: ¿Verdadero o falso? Welche Antworten sind richtig? Kreuzen Sie an!

1. Hace meses que padre e hija no se ven. ❐
2. Julio **propone** una **cita** por carta. ❐
3. El encuentro tiene lugar en primavera. ❐
4. Julio es una persona estable y familiar. ❐
5. A Julio le gusta correr. ❐

Por supuesto no es algo que se puede decidir en el momento. El **vuelo** tampoco es **inmediato**. Tengo varios días para pensar. No conozco a ninguna persona en mi misma situación, así que no puedo **pedir consejo** a nadie. Y ya sabemos cuál es la opinión de mi madre. Mejor a ella no le pregunto.
¿Sabes?, pasan los días y esa **rabia** interior **desaparece**. Tampoco siento simpatía por él. No siento nada. Y eso

intención *f*	Absicht
condición *f*	Bedingung
ser *irr* **el turno**	an der Reihe sein
proponer *irr*	vorschlagen
cita *f*	Termin; Treffen
vuelo *m*	Flug
inmediato	sofort
pedir *irr* **consejo**	um Rat fragen
rabia *f*	Wut
desaparecer *irr*	verschwinden

me **asusta**. Hasta ahora siempre he sentido algo por Julio. De niña: amor y **admiración**. Ya de mayor, todo lo contrario. Pero es la primera vez que no siento ni una cosa ni la otra. Julio me es **indiferente**. Al decirlo en voz alta, o al escribirlo más bien, noto un **aire** de **solemnidad** que me hace sentir bien. Indiferente. Cada vez me gusta más decirlo. Si finalmente me encuentro con él, pienso, esto es lo que le voy a decir a la cara:
—Eres indiferente para mí. No, no quiero escucharte. Has perdido todas tus oportunidades y ahora es la mía. Así que escucha bien. No me interesa nada de ti, no siento en absoluto nada por ti y, en definitiva, me eres indiferente.

asustar	erschrecken
admiración *f*	Bewunderung
indiferente	gleichgültig
aire *m*	*hier:* Hauch
solemnidad *f*	Erhabenheit

Ejercicio 5: Sustantivos. Leiten Sie von den Verben das Substantiv ab und finden Sie das Lösungswort!

1. aconsejar — *el* c [o] n s e j o
2. decidir — *la* [ ] _ _ _ _ _ _ _
3. opinar — *la* _ _ [ ] _ _ _ _
4. preguntar — *la* _ _ _ _ _ _ _ [ ]
5. interrumpir — *la* _ _ _ _ _ [ ] _ _ _ _ _ _

Lösung: [ ] [ ] [ ] [ ] [ ]

Es un buen discurso, ¿no crees? Me ha costado días llegar a esta perfección, pero creo que es justo el mensaje que le quiero dar. Sí, correcto, *que le quiero dar*, porque he decidido ir. **He desoído** los consejos de mi madre por una buena causa: le quiero **mostrar** en lo que me he convertido sin él. Nunca ha estado a mi **lado** y **aun así** pienso que **he crecido** bastante bien. Cuando yo he necesitado un padre, él nunca ha estado allí; pues si ahora él necesita una hija, no la va a encontrar en mí. Dicho esto, me voy a las Islas Canarias.

desoír *irr*	nicht hören, ignorieren
mostrar *irr*	zeigen
lado *m*	Seite
aun así	trotzdem
crecer *irr*	groß werden
maravilloso	herrlich, wunderbar
magnífico	herrlich, großartig
disfrutar de	genießen
maleta *f*	Koffer
guia *f* **de viaje**	Reiseführer
cómodo	bequem, leger
investigar	erkunden

El viaje comienza en el aeropuerto, pero lo mejor llega al bajar del avión: hace muchísimo sol. Lo normal en Canarias, ya, pero igualmente espectacular. Un cielo azul **maravilloso**, una playa **magnífica**, un centro muy bonito. Se nota que me gusta, ¿no? La próxima vez tenemos que venir juntos, ¡te va a encantar!

Ha sido una gran[i] idea venir. Además, tengo casi dos días libres antes de la cita. ¡Ay! puedo **disfrutar de** estas minivacaciones. Desde que he puesto el primer pie en tierra, me he convertido en la perfecta turista. En la **maleta** traigo una **guía de viaje** y unas cuantas búsquedas de Internet, así que tengo muy claro lo que quiero visitar. Al llegar al hotel me pongo ropa **cómoda** y salgo a **investigar**.

Vor Substantiven wird **grande** zu **gran** verkürzt und bedeutet „großartig".

Ejercicio 6: Completar. Lesen Sie weiter und ergänzen Sie die Substantive!

playa suerte autobús viento mar

Lo primero que hago es coger un 1. *autobús* e irme a Maspalomas[i], una 2. ______ enorme en el sur de la isla. Es muy famosa por sus **dunas**. Si no miras al 3. ______, parece el **desierto**. Normalmente dicen que hace mucho 4. ______, pero he tenido mucha 5. ______ porque el sol y el buen tiempo me siguen acompañando. Me siento bien.

Maspalomas ist einer der vielen malerischen Strände Gran Canarias und berühmt für seine Dünen. Zusammen mit der **Playa del Inglés** winken dem Urlauber ca. 5,6 Kilometer Sandstrand.

Godo ist auf den Kanarischen Inseln ein Synonym für „Spanier". Ursprünglich war es eher negativ konnotiert (= arrogant), doch heutzutage fasst man **godo** mehr als Scherz statt Beleidigung auf.

Coloco mi toalla y **me tumbo** a disfrutar de la tranquilidad. Solo escucho el mar y mis pensamientos. Así es fácil relajarse. Es una playa muy turística. Como es tan grande no es difícil encontrar un buen sitio, si no te importa andar, claro. Son varios kilómetros de **costa** y, al terminar, se encuentra la Playa del Inglés. La conoces, ¿no? Yo, siendo goda[i], como llaman aquí a los **peninsulares**, creo que no voy a bañarme. **En comparación con** el Mediterráneo, el agua del Atlántico está muy fría. Es cuestión de gustos, lo sé. Para mí, esto es frío y para los canarios, el Mediterráneo está demasiado caliente. **Compruebo** por mí misma la tempertatura y... tengo que decir que el agua está fresquita, fresquita. Un baño rápido, para poder decir que me he bañado en el Atlántico, y fuera. El ambiente es muy **agradable**. No sientes ese calor **asfixiante** de agosto. Agosto en el sur de la península, aquí ya sabes que la temperatura es la misma en cualquier época del año. ¡Qué bien vivir en el trópico!

duna *f*	Düne
desierto *m*	Wüste
tumbarse	sich hinlegen
costa *f*	Küste
peninsular *m/f*	Bewohner(in) Spaniens
en comparación con	im Vergleich zu/mit
comprobar *irr*	prüfen
agradable	angenehm
asfixiante	stickig
delatar	verraten
bien marcado	schön deutlich
parada *f* **del autobús**	Bushaltestelle
guagua *f, Can*	Bus

Ya por la tarde, antes de volver a Las Palmas, me doy cuenta de que no solo mi guía de viaje me **delata** como turista, también mi acento: castellano puro, con todas las zetas **bien marcadas**. Además, si preguntas algo a alguien en la **parada del autobús**, ya no tienes nada que hacer.

—Perdone —le pregunto a una señora cualquiera—, ¿ha pasado ya el autobús que va a Las Palmas?

—¿Perdiste[i] la **guagua**, mi niña? ¿De dónde eres?

Auf den Kanarischen Inseln wird das **Pretérito Perfecto** kaum benutzt, zumindest nie für Handlungen mit einer konkreten Zeitangabe. Man weist damit eher auf wiederholte Handlungen unabhängig von einem zeitlichen Rahmen hin: **He estado varias veces en Madrid**.

¡En una sola frase me **ha descubierto** completamente! ¡Qué rapidez! Pero ya lo tengo claro: aquí se toma la *guagua* y el pretérito perfecto se usa poco. ¡Ah! Y la forma *vosotros* no se utiliza. Aquí todos son *ustedes*, independientemente de la edad y el **cargo**. La verdad es que el viaje en guagua resulta ser muy constructivo. La señora Alicia, que así se llama, me hace una lista de todos los lugares a los que tengo que ir. El bar Pérez no lo conoce, pero dice que la calle está muy cerca de la catedral. Creo que Julio lo **ha escogido**, porque es fácil de encontrar.

descubrir *irr*	entlarven
cargo *m*	Amt
escoger	aussuchen
bajarse	aussteigen
papa *f Can*	Kartoffel
plato *m*	Gericht
por fin	letztendlich, schließlich
destino *m*	Schicksal
calcular	rechnen

Alicia **se baja** antes que yo con una sonrisa.

—Recuerda: el Museo Colón, la catedral, la Playa de las Canteras, mojo picón (i), unas **papitas**, bienmesabe (i)...

Para ella, igual que para mí, la cultura y la gastronomía son muy importantes. Esa noche voy a probar los **platos** típicos de la isla. La cultura puede esperar un día más.

(i) **Mojo picón** ist eine pikante rote Soße aus Paprikapulver, Pfeffer, Knoblauch, Salz und Olivenöl, die am liebsten zu **papas arrugadas** (gekochten Kartoffeln mit Salzkruste) gereicht wird. Die mildere grüne Soße heißt **mojo verde**.

Por fin ha llegado el día. El día *e*, de *encuentro*, *c*, *de cita*, *d*, de **destino** o llámalo *x*. Día 23 de mayo. Esa mañana me despierto y **calculo** cuántas horas fal-

(i) Unbedingt probieren! **Bienmesabe** ist eine typisch kanarische Creme aus Mandeln (**almendras**), sehr süß und ideal für **flanes** (Karamellpudding) oder Eis.

tan para el momento x. En unas horas, voy a **estar frente a frente** con un señor al que no sé si voy a **reconocer**. Prefiero no pensarlo. No estoy nerviosa. Todavía no. De momento tengo un *planning* que **cumplir**.

estar *irr* **frente a frente**	gegenüberstehen
reconocer *irr*	wiedererkennen
cumplir	erfüllen
vista *f*	Aussicht
punto *m* **de partida**	Ausgangspunkt
cubierto	bewölkt
neblina *f*	Bodennebel
mueca *f*	Grimasse

Decido ir a las Canteras a desayunar. No encuentro mejor forma de empezar el día que tomar un café con **vistas** al mar. Desde allí todo está muy cerca, es un buen **punto de partida**. Ese día, el cielo está más **cubierto** y hace mucho más calor que el día anterior. Yo a eso lo llamo ***neblina***, pero el camarero que me trae el café me corrige. No es niebla, es *calima* [i]. Y me lo dice con una **mueca** de disgusto en la cara.

Calima bezeichnet den „Dunst", der ein sehr übliches meteorologisches Phänomen auf den Kanaren ist.

Ejercicio 7: Cocina. Ordnen Sie den kanarischen Gerichten die Hauptzutat zu!

1. [c] papas arrugadas — a) pimentón
2. [ ] bienmesabe — b) pimiento verde
3. [ ] mojo picón — c) patata
4. [ ] mojo verde — d) almendra

Luego visito el Museo Colón, pequeñito, pero muy interesante. Toda la información que necesitas sobre los viajes de Colón al Nuevo Continente. Y al salir, simplemente **callejeo** por el centro y paseo entre casas coloniales de muchos colores. Nunca he salido de Europa, ya lo sabes, pero la imagen me recuerda a Cuba. El estilo es muy parecido, y muy bonito. **Atravesando** unas calles y otras, llego a una plaza **rectangular** con dos grandes edificios a cada lado. Uno parece un edificio oficial, el otro es una iglesia. Una grande. ¿La catedral? El corazón me **da un vuelco**. Debo estar muy cerca de la calle Obispo Codina. Se me pasa por la cabeza preguntar o buscarlo en Internet. Pero cambio de opinión. El **azar** me ha traído hasta aquí, y el azar me va a llevar al lugar del encuentro. Y así es. Unos minutos después encuentro la calle Obispo Codina. Es la **peatonal** que hay a la izquierda de la catedral. **Me adentro** en ella y, a los pocos metros... ahí está. A simple vista te tengo que decir que no es una cafetería antigua. Es todo lo contrario. Es un bar de tapas. Julio me sorprende otra vez. Un bar lleno de jóvenes para un señor que debe de tener unos 50 años. Pero no hay **duda**, este es el sitio.

callejear	schlendern, bummeln
atravesar	überqueren
rectangular	rechteckig
dar *irr* **un vuelco**	sich überschlagen
azar *m*	Zufall
peatonal *f*	Fußgängerzone
adentrarse	hineingehen
duda *f*	Zweifel
por ningún motivo	auf keinen Fall
acercarse	sich nähern
decidido	entschlossen
dar *irr* **media vuelta**	umkehren
mirar fijamente	starren
jurar	schwören
vigilar	bewachen, beobachten
mirar a su alrededor	sich umsehen
cuenta *f*	Rechnung

Ejercicio 8: Preposiciones. **Lesen Sie weiter und ergänzen Sie die Präpositionen!**

a de para enfrente en

17:05 h. Aún es pronto **1.** *para* entrar. **Por ningún motivo** quiero ser la primera en llegar. Al imaginarlo en mi cabeza, él ya está sentado cuando yo entro **2.** ______ el local. Yo lo veo, él me ve, y yo **me acerco** **3.** ______ su mesa, muy **decidida**. Así lo he imaginado y así debe ser. **Doy media vuelta** y entro en el bar de **4.** ______. Un lugar ideal para esperar a las seis **5.** ______ la tarde.

Desde la ventana del bar **miro fijamente** a la calle, esperando la llegada de Julio. Pasa una hora y te **juro** que no he visto a nadie entrar con un mínimo parecido a la imagen que me he hecho de él. Empiezo a pensar que está sentado en algún otro lugar, **vigilando** la puerta, igual que yo. **Miro a mi alrededor**, por si se encuentra en mi mismo local. No, aquí hay adolescentes y estudiantes. Julio no está entre ellos. Miro el reloj. Ya pasan casi diez minutos de las seis. No puedo esperar más. Puede pensar que no voy a ir. Pago la **cuenta**, salgo de la cafetería y cruzo la calle.

Con un **suspiro** profundo entro en la cervecería. Es más bien pequeña. Una **barra** a la derecha y un par de mesas a la izquierda. Analizo cada una de las personas que hay dentro. Chica joven, familia con niños, grupo de amigos... Ningún hombre. Después de todo, voy a tener que esperar igualmente. **Al fondo** hay una mesa libre, ahí puedo sentarme mientras llega. Si llega...

En ese momento **ocurre** algo totalmente inesperado. La chica joven me saluda cuando paso por su lado:

—¿Estás buscando a Julio Soto? —me pregunta.

—Sí, ¿lo conoces?

—**Toma asiento**, por favor.

Antes de hablar, me dice su nombre y me da tiempo para pedir un café. Yo sigo mirando la puerta, no entiendo nada. ¿Julio **se retrasa**? ¿**Ha mandado** a alguien en su nombre? Pero antes de poder preguntar, ella comienza a hablar.

—Puedes **dejar de** mirar. Julio no va a venir.

—¿Te lo ha dicho él? —pregunto **sorprendida**—. ¿Estás aquí para decirme esto?

—Sí y no, es un poco complicado.

—Tengo una carta suya con el lugar y la hora de esta cita. —Sin dejar de hablar, saco la carta del bolso y se la muestro.

—Julio no escribió esa carta.

suspiro *m*	Seufzer
barra *f*	Theke
al fondo	hinten
ocurrir	geschehen, passieren
tomar asiento	Platz nehmen, sich setzen
retrasarse	sich verspäten
mandar	schicken
dejar de + *inf.*	aufhören zu
sorprendido	überrascht
paralizado	gelähmt
incapaz de	unfähig zu
al menos	zumindest
al cabo de	nach
asimilar	*hier:* verinnerlichen
lío *m*	Durcheinander
engañado	betrogen

—¿Cómo que no? ¡Aquí lo pone! La firma él. ¿Quién si no...?
—Esa carta la escribí yo. Julio también es mi padre.

¡Su padre! ¿Te lo puedes creer? ¡Julio tiene otra hija! Hace más de veinte años que no sé nada de él. En ese tiempo ha podido tener esa hija y otras muchas. Pero nunca he pensado en Julio como el padre de alguien más. Estoy completamente **paralizada**, **incapaz de** decir nada. Miro a la mesa, contenta de tener **al menos** un café. Ahora sí tengo motivo para estar nerviosa.
—Tu padre, dices —contesto **al cabo de** unos segundos.
—Tú y yo somos hermanas.
—Claro —contesto, todavía paralizada—. No recuerdo tu nombre, perdona. ¿Cómo has dicho que te llamas?
—Elena.

Hermanas. Julio tiene una hija, yo. Y tiene otra, Elena. No es difícil de comprender, ¿no? Uno más uno son dos. Dos hermanas. ¡Pero qué difícil de **asimilar**!
—Perdona todo este **lío**. Te debes de sentir **engañada** y no es esa mi intención. En absoluto. Julio es mi padre —continúa—.

Ejercicio 9: Indefinido. Lesen Sie weiter und ergänzen Sie die Verbformen im Indefinido!

Bueno, padre de postal y llamadas telefónicas, en eso tú y yo nos parecemos mucho. Hace años que no sé nada de él. Mi madre y él **1.** conocerse *se conocieron* aquí en Las Palmas, **2.** vivir ________________ unos años juntos, **3.** nacer

_______________ yo, poco después la isla se le **4. quedar**

_______________ pequeña a mi padre y **5. marcharse**

_______________. Al principio recibes llamadas y cartas, pero después de un tiempo, nada más.

—Sé de lo que hablas.

—Hace un par de semanas encontré en casa una **carpeta** vieja con documentos de mi padre. Muchos papeles antiguos sin ningún interés, pero entre los papeles encontré también un sobre con una dirección y una foto. Eres tú, ¿verdad? —pregunta, y me muestra una foto antigua.

—Sí, soy yo. Pero, ¿cómo puede ser? ¿Julio nunca...?

—Ni una sola vez —contesta con **firmeza**—. Mi madre está tan sorprendida como yo. No entiende cómo alguien que tiene una hija puede empezar una **relación** de cero y olvidarla por completo.

—Ni yo, pero así es.

—Como ves, es una historia complicada. Es más fácil para mí citarte como Julio que decirte por carta que tienes una ***mediohermana*** en Canarias. Lo siento.

carpeta *f*	Mappe
firmeza *f*	Festigkeit
relación *f*	Beziehung
mediohermana *f* **(hermanastra)**	Halbschwester
interrumpir	unterbrechen
reír *irr*	lachen
suavizar	*hier:* entspannen
venir *irr* **a ver a alguien**	jdn. besuchen kommen
reencuentro *m*	Wiedersehen
afición *f*	Hobby
de verdad	wirklich
apellido *m*	Nachname
soledad *f*	Einsamkeit

—Madre mía, no sé qué decirte. Lo entiendo, claro, pero no es fácil entender todo esto.
—Claro, necesitas tiempo, es normal.
—¿Y tienes más...? —pregunto.
—¿Hermanos? —me **interrumpe**—. No, creo que solo estamos tú y yo —dice **riendo**.
—Quizá algún día recibimos otra carta —digo para **suavizar** el momento.
—Quizá.

La conversación ha sido mucho más larga. Te cuento solo lo más importante. Los detalles te los puede contar ella misma. ¡Va a **venir a verme**! ¿Te lo puedes creer? Tengo una hermana y va a venir a visitarme. Es mucho mejor que el **reencuentro** con Julio. Con ella puedo tener una relación. Somos casi de la misma edad, nos gusta la misma música, nos encanta el cine, ella sabe cocinar, yo no, ella practica muchos deportes y yo voy al gimnasio casi todas las semanas. Ella es un poco más alta que yo. Dice que porque ha crecido comiendo gofio [i], que es algo muy de aquí. Y no lleva gafas, parece que se ha llevado los genes buenos. Se lo voy a perdonar por esta vez.
Sí, ya sé, son **aficiones** comunes a cualquier persona entre los quince y los ochenta y cinco años, pero tenemos mucho en común, ¡**de verdad**!, mucho más que un **apellido**. Quizá Julio tiene más hijos, quizá vive en Asia o en América, quizá ya no vive. Quién sabe. Pero ahora somos dos. A partir de ahora siempre vamos a ser dos. Cuando nunca has tenido una hermana no piensas en la **soledad**. Yo

> **i** **Gofio** ist eine Art geröstetes Mehl, normalerweise aus Weizen oder Mais, das schon lange nicht mehr als Arme-Leute-Essen gilt. Es ist reich an Nährstoffen und bei den Einheimischen noch heute sehr beliebt für Mehlspeisen oder Eintöpfe.

nunca me he sentido sola. Nunca he necesitado hermanos ni los he querido. Por eso me **extraña** esta alegría de saber que ya no estoy yo sola, porque, ahora, y esto es lo más importante de todo, somos dos ☺. (Han sido muchas páginas sin emoticonos, creo que una última **carita sonriente** me la puedo **permitir**, ¿no?).

extrañar	erstaunen
cara *f* **sonriente**	Smiley
permitir	erlauben

Muchos besos,
Laura

P. D.: ¡Espero recibir respuesta!

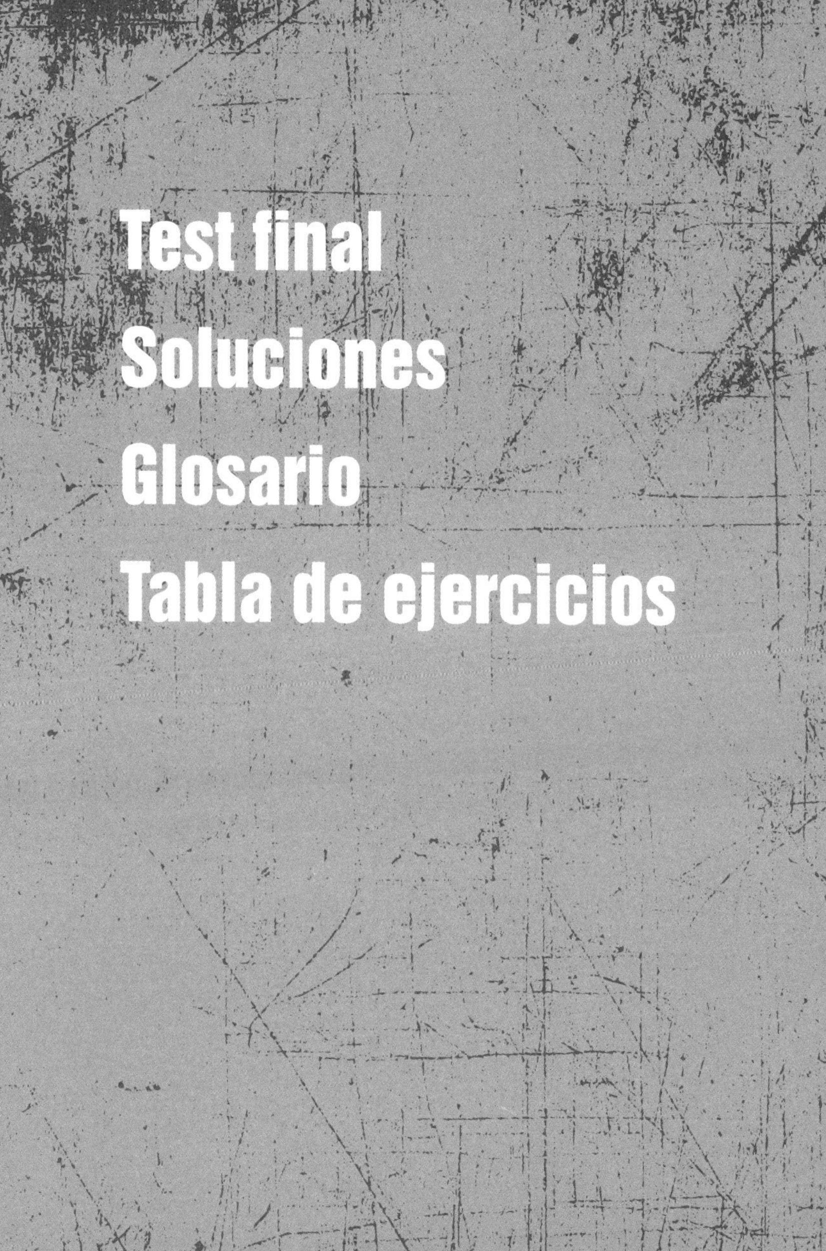

Test final
Soluciones
Glosario
Tabla de ejercicios

Test final

Otro mundo

Ejercicio 1: ¿Verdadero o falso? **Welche Aussagen sind korrekt? Antworten Sie richtig und entdecken Sie ein typisches peruanisches Gericht!**

	verdadero	falso
1. Lidia viaja a Perú en primera clase.	**s**	**c**
2. La empresa de Lidia tiene planeado ganar mucho dinero con la quinua en Perú.	**e**	**o**
3. María es madrileña.	**d**	**v**
4. La avioneta en la que viaja Lidia se queda sin gasolina.	**u**	**i**
5. María ayuda a Lidia a encontrar un alojamiento en Puno.	**c**	**f**
6. En casa de María aceptan a Lidia como una más.	**h**	**m**
7. La empresa de Lidia hace negocios sucios.	**e**	**o**

Lösung: _ _ _ _ _ _ _

Patio de vecinos

Ejercicio 2: ¿Quién es quién? **Welche Beschreibung passt zu welcher Person? Ordnen Sie zu!**

1. ☐ Steffi	**a)** Baila flamenco. Es su profesión.
2. ☐ Javi	**b)** Tienen un perro.
3. ☐ Cristina	**c)** Quiere cambiar de aires.
4. ☐ Rafa y Concha	**d)** Es dueño de un bar.
5. ☐ Faustino	**e)** Hace un salmorejo riquísimo.

Ejercicio 3: Sopa de letras. **Finden Sie fünf Begriffe zur südspanischen Kultur!**

R	O	M	A	N	C	E	A	B
E	E	Y	P	A	L	B	U	A
R	T	Q	U	E	O	A	S	I
P	A	I	R	I	R	Ñ	X	L
O	B	L	R	L	C	A	J	A
B	L	E	Ñ	T	A	Q	G	O
O	A	J	H	D	Y	S	W	R
E	O	S	A	W	A	N	U	J
S	E	V	I	L	L	A	N	A

Historias en la línea

Ejercicio 4: Fotos. Welche Sätze passen zu welchem Fest? Ordnen Sie zu!

La noche de San Juan

a) 

Navidades

b) 

1. ☐ Es la noche más corta y mágica del año.
2. ☐ Hay que saltar un número de veces impar.
3. ☐ Ahora empieza el invierno.
4. ☐ ¡Qué bonita luz con el fuego!
5. ☐ Me encanta cómo han decorado el árbol.
6. ☐ Se pide un deseo y se quema todo lo negativo.

Ejercicio 5: Cadena de meses. Finden Sie in der Wortkette fünf Monatsnamen!

sábadomarzojuliolunesveranomayojuevesotoñoenerojunioinvierno

El encuentro

Ejercicio 6: Respuestas. **Beantworten Sie die Fragen!**

1. ¿Por qué Laura escribe una carta a Fran y no un email?

2. ¿Dónde y cuándo tiene lugar el encuentro?

3. ¿Qué hace Laura antes de la cita?

4. ¿Con quién se encuentra finalmente Laura?

5. ¿Cómo se llama el autobús en Canarias?

Soluciones

Otro mundo

Ejercicio 1: **1.** avión **2.** aeropuerto **3.** billete **4.** maleta **5.** asiento

Lösung: ¡Buen vuelo!

Ejercicio 2: **1.** peruana, peruano **2.** mexicana, mexicano **3.** ecuatoriana, ecuatoriano **4.** chilena, chileno **5.** venezolana, venezolano

Ejercicio 3: **1.** pasa **2.** están **3.** se dirige **4.** puede **5.** espera

Ejercicio 4: **1.** falso (Lidia viaja en avión de Madrid a Lima.) **2.** verdadero **3.** falso (La radio no funciona.) **4.** falso (Lidia tiene un viaje lleno de contratiempos y aventuras.) **5.** verdadero

Ejercicio 5: **1.** mejor **2.** más cómodo **3.** más útil **4.** peor

Ejercicio 6: Al día siguiente, Lidia <u>se</u> siente mucho más relajada. Toma un buen <u>café</u> peruano y por un segundo olvida la razón por la que <u>está</u> en Perú. Antes de salir del hotel, se pone en contacto con el jefe de la <u>empresa</u> de quinua de Puno.

Ejercicio 7: **1.** llueve **2.** nieva **3.** vuela **4.** puede **5.** piensa

Ejercicio 8: **Horizontales:** hermano, prima, madre, tío, abuelo
Verticales: hermana, tía, padre

Ejercicio 9: **1.** Lidia es española, <u>viene</u> de España.
2. verdadero
3. verdadero
4. Me <u>gusta</u> mucho la comida de María Rosa.
5. ¿<u>Te</u> imaginas cómo es Madrid?

Patio de vecinos

Ejercicio 1: **1.** b **2.** d **3.** c **4.** a

Ejercicio 2: **1.** cenar **2.** bailar **3.** celebrar **4.** quedar **5.** vivir

Ejercicio 3: **1.** El bar se llama Faustino.
2. Está muy cerca del Corral del Príncipe.
3. Steffi está buscando trabajo.
4. Prefiere trabajar en un bar de tapas.

Ejercicio 4: **1.** a **2.** b **3.** a **4.** a

Ejercicio 5: **1.** están **2.** es **3.** Es **4.** están **5.** es

Ejercicio 6: **1.** Tenemos **2.** van **3.** están **4.** voy

Ejercicio 7: **1.** ¿Qué hora es? **2.** ¿De dónde vienes? **3.** ¿Quién es Fausti? **4.** ¿Dónde nos reunimos?/¿Dónde os reunís?

Ejercicio 8: **1.** las novias **2.** los vinos **3.** las mezclas **4.** los teléfonos móviles **5.** unas bebidas típicas

Ejercicio 9: **Horizontales:** albóndigas, croquetas, tortilla, ensalada
Verticales: salmorejo
Diagonales: adobito

Ejercicio 10: **1.** c **2.** a **3.** b **4.** e **5.** d

Historias en la línea

Ejercicio 1: **1.** hace ruido **2.** viento **3.** mes **4.** isla **5.** mejorado

Ejercicio 2: **1.** puedo **2.** conozco **3.** Queremos **4.** voy, va **5.** soy, eres

Ejercicio 3: **1.** c **2.** e **3.** a **4.** b **5.** d

Ejercicio 4: **1.** cosas **2.** verano **3.** vacaciones **4.** días **5.** paseo

Ejercicio 5: **1.** a **2.** b **3.** b **4.** a

Ejercicio 6: **1.** es **2.** está **3.** llega **4.** va **5.** ve **6.** presenta

Ejercicio 7: **1.** Nathan ya ha mejorado su español.
2. ¿Has entendido qué es un palíndromo?
3. ¿No te he dicho que sé alemán?
4. Ha sido una noche estupenda.
5. Ana y Nathan han tomado unas copas.

Ejercicio 8: **1.** b **2.** b **3.** b

Ejercicio 9: **1.** Nathan sigue leyendo el libro con interés.
2. Ana está investigando sobre un tema que le gusta.
3. El comandante se llama como el abuelo de Nathan.
4. Ana dice: "Nosotros seguimos haciendo la historia".

El encuentro

Ejercicio 1: **1.** d **2.** g **3.** b **4.** e **5.** f **6.** a **7.** c

Ejercicio 2: **1.** remite **2.** dirección **3.** sello **4.** sobre **5.** carta

Ejercicio 3: **1.** vive **2.** echa **3.** siente **4.** tiene **5.** recuerda

Ejercicio 4: **1.** falso (Padre e hija no se ven desde hace años.)
2. verdadero
3. verdadero
4. falso (Julio es un alma libre, no es estable ni familiar.)
5. falso (Esto no se sabe. Laura se imagina el estilo de vida de su padre.)

Ejercicio 5: **1.** el consejo **2.** la decisión **3.** la opinión **4.** la pregunta **5.** la interrupción

Lösung: odiar

Ejercicio 6: **1.** autobús **2.** playa **3.** mar **4.** viento **5.** suerte

Ejercicio 7: **1.** c **2.** d **3.** a **4.** b

Ejercicio 8: **1.** para **2.** en **3.** a **4.** enfrente **5.** de

Ejercicio 9: **1.** se conocieron **2.** vivieron **3.** nací **4.** quedó **5.** se marchó

Test final

Ejercicio 1: **1.** falso (Lidia viaja a Perú en clase turista.)
2. verdadero
3. falso (María es peruana.)
4. falso (Hay muchas nubes y no pueden continuar.)
5. verdadero
6. verdadero
7. verdadero

Lösung: ceviche

Ejercicio 2: **1.** c **2.** a **3.** e **4.** b **5.** d

Ejercicio 3: **Horizontales:** romance, sevillana
Verticales: tablao, Lorca, bailaor

Ejercicio 4: **1.** a **2.** a **3.** b **4.** a **5.** b **6.** a

Ejercicio 5: **1.** marzo **2.** julio **3.** mayo **4.** enero **5.** junio

Ejercicio 6: **1.** Escribe una carta porque ella ha recibido también una carta y tiene que contar una historia tan importante que no puede hacerlo por email.
2. El encuentro tiene lugar en la Cervecería Pérez, el 23 de mayo a las seis de la tarde.
3. Laura visita la isla: Maspalomas, centro de Las Palmas y Museo Colón.
4. Laura se encuentra con Elena, su hermana.
5. En Canarias el aubobús se llama "guagua".

Bildnachweis
iStock: mearman 104; aja84 104

Glosario

ϟ = umgangssprachlich
f = feminin
m = maskulin
pl = Plural
irr = unregelmäßiges Verb
Inf = Infinitiv
Can = auf den Kanarischen Inseln gesprochen
Lat = Lateinamerikanisches Spanisch

a la vez	gleichzeitig, auf einmal
a menudo	oft
a primera vista	auf den ersten Blick
abogado/a *m/f*	Anwalt/Anwältin
abrazo *m*	Umarmung
acabar	beenden
acabar de hacer algo	*hier:* gerade etw. getan haben
acariciar	streicheln
acceder	reinkommen, Zugang erhalten
acercarse	sich nähern
aclarar	(er)klären
acoger	*hier:* empfangen, aufnehmen
acomodarse	es sich bequem machen
acompañar	begleiten
activos *m pl* **seguros**	sichere Vermögenswerte
acudir	(hin)gehen
adelante	vorne, voraus
adentrarse	hineingehen
adivinar	erraten
admiración *f*	Bewunderung

afición *f*	Hobby
afirmar con la cabeza	nicken
afortunado	froh, glücklich
agarrado	*hier:* gebunden
agobiado	überlastet, unter Druck
agobiante	drückend
agotado	erschöpft
agradable	angenehm
agradecer *irr*	danken
agricultura *f*	Landwirtschaft
aguacate *m*	Avocado
aire *m*	*hier:* Hauch
aire *m* **acondicionado**	Klimaanlage
al cabo de	nach
al cien por cien	hundertprozentig
al fondo	hinten
al menos	zumindest
al parecer	offensichtlich
albóndiga *f*	Fleischbällchen
alcanzar	erreichen, einholen
alegrarse de	sich freuen über
alegría *f*	Freude
alma *f*	Seele
almirante *m*	Admiral
alrededor *m*	Umgebung
alrededor de	rings um
altavoz *m*, **altavoces** *m pl*	Lautsprecher
altura *f*	Höhe
amenazar	(be)drohen
ampliar	*hier:* öffnen, weiten
añadir	hinzufügen
animadamente	lebhaft
anochecer *irr*	dunkel werden
antepasado/a *m/f*	Vorfahr(in)
anuncio *m*	Spot, Anzeige

aparecer *irr*	*hier:* auftauchen
apellido *m*	Familienname
apenas	kaum
apetecer	Lust haben
apoyado	unterstützt
apreciar	wertschätzen
apresurarse	sich beeilen
aprovechar	(aus)nutzen, profitieren
aproximar(se)	näher kommen, sich nähern
arreglar	in Ordnung bringen
arrepentido	reuevoll
Asamblea *f* **General**	Hauptversammlung
ascenso *m*	*hier:* Beförderung
asegurar	*hier:* versichern, schwören
asfixiante	stickig
asiento *m*	Sitz
asimilar	*hier:* annehmen, verinnerlichen
asombrado	erstaunt
asustado	erschrocken
asustar	erschrecken
atasco *m*	Stau
atentamente	aufmerksam
aterrizaje *m* **forzoso**	Notlandung
atravesar	überqueren
atreverse	sich trauen
aun así	trotzdem
aún	noch
aún no	(immer) noch nicht
aunque	obwohl
aventura *f*	Abenteuer
avergonzado	verschämt
averiguar	herausfinden
azafato/a *m/f*	Flugbegleiter(in)
azar *m*	Zufall

bailaor/a *m/f*	Flamencotänzer(in)
bajarse	aussteigen
balbucear	stottern
banca *f* **de inversiones**	Investitionsfirma
bandera *f*	Flagge
banderín *m*	Wimpel
barra *f*	Theke
barro *m*	Schlamm
bastante	ziemlich
besarse	sich küssen
bien marcado	schön deutlich
billete *m*	*hier:* Fahrkarte
billete *m* **de avión**	Flugticket
brillar	scheinen
brindis *m*	Prost, Hoch
bromear	scherzen
buzón *m*	Briefkasten
caja *f*	Schachtel
calcular	rechnen
callejear	schlendern, bummeln
calma *f*	Ruhe
cambiar de aires	auf andere Gedanken kommen, sich verändern
cáncer *m*	Krebs
cansancio *m*	Erschöpfung
cantarín, cantarina	sangesfroh
caprichoso	tückisch
cara *f* **sonriente**	Smiley
carcajada *f*	Gelächter
cargo *m*	Amt
carnet *m*	Ausweis
carpeta *f*	Mappe
casero	hausgemacht
casualidad *f*	Zufall
cava *m*	*hier:* Sekt

cereales *m pl*	Getreide
charlar	plaudern, quatschen
chillar	schreien
cintura *f*	Taille
cinturón *m* **de seguridad**	Sicherheitsgurt
cita *f*	Termin; Treffen
clave *f*	*hier:* Passwort
cobertura *f*	*hier:* Empfang, Netz
coincidencia *f*	Zufall
colgar *irr*	*hier:* auflegen
comentar	erwähnen
cómodo	bequem, leger
compañía *f*	Begleitung
compositor/a *m/f*	Komponist(in)
comprobar *irr*	prüfen
con confianza	vertrauensvoll
con impaciencia	ungeduldig
con sorpresa	überrascht
conclusión *f*	Schlussfolgerung
condición *f*	Bedingung
confianza *f*	Vertrauen
confiar en alguien	jdm. vertrauen
confundido	verwirrt
confundirse	*hier:* sich vermischen
congelar	einfrieren
conjunto *m*	*hier:* Ensemble
contaminar	verschmutzen
contar *irr*	erzählen; zählen
contento	froh
contrato *m*	Vertrag
contravalación *f*	Belagerungsmauer
convertirse en algo	zu etw. werden
cordillera *f* **de los Andes**	Gebirgskette der Anden
Corona *f*	*hier:* (britische) Krone
correr	rennen

cortesía *f*	Höflichkeit
cosechar	ernten
costa *f*	Küste
costar *irr*	*hier:* schwerfallen
costearse	bezahlen
costumbre *f*	Eigenheit, Sitte
crecer *irr*	groß werden
cristal *m*	Glas(scheibe)
cubierto	bewölkt
cubo *m*	Eimer
cuenta *f*	Rechnung
cuidarse	auf sich achtgeben
culpa *f*	Schuld
cumpleaños *m*	Geburtstag
cumplir	erfüllen
curiosidad *f*	Neugier
dar *irr* **la risa a alguien**	lustig finden
dar *irr* **la vuelta**	umkehren
dar *irr* **media vuelta**	umkehren
dar *irr* **un abrazo**	umarmen
dar *irr* **un vuelco**	sich überschlagen
dar *irr* **una vuelta**	bummeln, spazieren
darse *irr* **cuenta de algo**	etw. (be)merken, wahrnehmen, sich bewusst werden
de broma	im Spaß
de fondo	im Hintergrund
de fuera	*hier:* fremd, von außerhalb
de nuevo	wieder, erneut
de repente	plötzlich
de sobra	reichlich, genügend
de verdad	wirklich
decepcionado	enttäuscht
decidido	entschlossen
dedicarse a	tätig sein in

defender *irr*	verteidigen
dejar de + *Inf*	aufhören zu
delantal *m*	Schürze
delatar	verraten
derecho *m*	Recht
desaparecer *irr*	verschwinden
descargar	*hier:* auslassen, entladen
descender	runtergehen
desconcertado	schockiert
desconocido	unbekannt, fremd
descubierto	*hier:* nackt
descubrir *irr*	entdecken, entlarven
desde hace	seit
deseo *m*	Wunsch
desesperado	verzweifelt
desgraciadamente	leider
desierto *m*	Wüste
desoír *irr*	nicht hören, ignorieren
despedirse *irr*	sich verabschieden
despegar	starten
despejado	wolkenlos
destino *m*	Schicksal; Reiseziel
destruir *irr*	zerstören
detener *irr*	*hier:* ausmachen
dirección *f*	Adresse
director *m* **de tesis**	Doktorvater
disculpa *f*	Entschuldigung
disfrutar de	genießen
disparar	(ver)schießen
divertido	lustig
duda *f*	Zweifel
dudar de algo	etw. bezweifeln
dueño *m*	Besitzer, Betreiber
duna *f*	Düne
echar de menos	vermissen

emoticono *m*	Emoji
empujado	*hier:* geworfen, gedrückt
en absoluto	überhaupt nicht
en comparación con	im Vergleich zu/mit
en silencio	stillschweigend
encargarse	*hier:* den Auftrag haben
encargo *m*	Bestellung
encerrar	einsperren
encuentro *m*	Begegnung
enfado *m*	Ärger
engañado	betrogen
enhorabuena *f*	Glückwunsch
enterarse de algo	etw. erfahren
enterrado	begraben
entrada *f*	*hier:* Eintrittskarte; Eingang
entretanto	inzwischen
equipaje *m* **de mano**	Handgepäck
escoger	aussuchen
escudo *m*	Wappen
espectador/a *m/f*	Zuschauer(in)
estable	stabil
estar *irr* **a cargo de alguien**	für jdn. zuständig sein
estar *irr* **acostumbrado a**	gewöhnt sein an
estar *irr* **borracho**	betrunken sein
ϟ**estar** *irr* **de juerga**	Party machen
estar *irr* **de vacaciones**	im Urlaub sein
estar *irr* **enamorado**	verliebt sein
estar *irr* **frente a frente**	gegenüberstehen
estar *irr* **harto de algo**	etw. satt haben
estrella *f*	Stern
éxito *m*	Erfolg
experiencia *f*	Erfahrung
exposición *f*	Ausstellung
extendido	verbreitet
extrañar	erstaunen

extrañarse	erstaunt sein
extranjero	fremd
extraño	merkwürdig, seltsam
fachada *f*	Fassade
factura *f*	Rechnung
faltar	fehlen
fama *f*	Ruf
fecha *f*	Datum
felicitar	gratulieren, beglückwünschen
fijamente	fest
fingir *irr*	vortäuschen
firma *f*	Unterschrift
firmar	unterschreiben
firmeza *f*	Festigkeit
frenar	bremsen
fuego *m*	Feuer
fuente *f*	Springbrunnen
fuera	draußen, weg
ganar	verdienen
gaseosa *f*	süßer Sprudel
girar	abbiegen
girarse	sich wenden
grisáceo	gräulich
guagua *f, Can*	Bus
guardería *f*	Kindergarten
guerra *f*	Krieg
guía *m/f*	Fremdenführer(in)
guía *f* **de viaje**	Reiseführer
guiado	geführt
guiñar un ojo	(zu)zwinkern
habitual	üblich
hacia delante	nach vorne
herencia *f*	Erbe
hierbabuena *f*	Minze
hoguera *f*	Lagerfeuer

hombro *m* — Schulter
horario *m* — *hier:* Geschäftszeit
hospedar — beherbergen, übernachten
huir *irr* — fliehen
humo *m* — Rauch
iluminar — erleuchten
impaciente — ungeduldig
impar — ungerade
impresionado — beeindruckt
incapaz de — unfähig zu
incluso — sogar
incómodo — unangenehm
increíble — unglaublich
indiferente — gleichgültig
indignado — empört
inesperado — unerwartet
informe *m* — Bericht
inmediato — sofort
integrado — integriert
intención *f* — Absicht
intentar — versuchen
interrumpir — unterbrechen
inundación *f* — Überschwemmung
inusual — ungewöhnlich
invadir — einfallen, einmarschieren
invertir *irr* — investieren
investigar — untersuchen, erkunden
jurar — schwören
lado *m* — Seite
ladrar — bellen
latir — schlagen
lengua *f* **extranjera** — Fremdsprache
↯ **liado** — *hier:* beschäftigt
lío *m* — Durcheinander
llamar la atención — Aufmerksamkeit erregen

llevar	*hier:* beinhalten
llevar con algo	*hier:* mit etw. beschäftigt sein
lo siento	es tut mir leid
madera *f*	Holz
magnífico	herrlich, großartig
maleducado	unhöflich
ϟ **maldito**	verdammt
maleta *f*	Koffer
mandar	schicken, senden
manejar *Lat*	*hier:* fahren
maniobra *f*	*hier:* Manöver
mantener *irr* **informado**	*hier:* auf dem Laufenden halten
maravilloso	herrlich, wunderbar
mareado	übel, schwindlig
mayor	älte(ste)r
mediohermana *f* **(hermanastra)**	Halbschwester
mejilla *f*	Wange
mejorar	verbessern
mensaje *m*	Nachricht
merecer	lohnen
mesita *f* **de noche**	Nachttisch
microondas *m*	Mikrowelle
mirar a su alrededor	sich umsehen
mirar fijamente	starren
molestar	stören
moreno	*hier:* brünett
morir	sterben
mostrador *m*	Schalter
mostrar *irr*	zeigen
mueca *f*	Grimasse
multa *f*	Geldbuße
muñeco *m*	Figur
Naciones *f pl* **Unidas**	die Vereinten Nationen
naturaleza *f* **virgen**	unberührte Natur

neblina *f*	Bodennebel
negociación *f*	Handelsgeschäft
¡ni hablar!	ausgeschlossen
ni siquiera	nicht einmal
no dar *irr* **crédito a**	nicht glauben
obligar a	zwingen zu
obligatorio	verpflichtend
ocupación *f*	*hier:* Besetzung
ocurrir	geschehen, passieren
ocurrírsele algo a alguien	jdm. etw. einfallen
ojo *m* **guiñado**	Augenzwinkern
oler *irr*	riechen, duften
olvidar	vergessen
oportunidad *f*	Chance, Gelegenheit
ordenador *m* **portátil**	Laptop
pantalla *f*	Bildschirm
papa *f Can*	Kartoffel
papel *m*	*hier:* Rolle
ϟ **para chuparse los dedos**	*hier:* lecker sein
parada *f* **del autobús**	Bushaltestelle
paralizado	gelähmt
parar	stoppen, anhalten
parar de + *Inf*	aufhören zu
parecerse *irr* **a**	sich ähneln
párrafo *m*	Absatz
pasado mañana	übermorgen
pasárselo bien	sich amüsieren
patio *m*	Hof
peatonal *f*	Fußgängerzone
pedir *irr* **consejo**	um Rat fragen
pelar	schälen
pendiente *m*	Ohrring
Península *f* **Ibérica**	iberische Halbinsel
peninsular *m/f*	Bewohner(in) Spaniens
pensativo	nachdenklich

permitir	erlauben
pinche *m/f*	Küchenhilfe
piropo *m*	Kompliment
pista *f* **de aterrizaje de emergencia**	Notlandebahn
planta *f*	*hier:* Etage, Stockwerk
plato *m*	Gericht
población *f*	Bevölkerung
poblado *m*	*hier:* Dorf
poner *irr* **cara de asombro**	ein erstauntes Gesicht machen
poner *irr* **la mesa**	den Tisch decken
ponerse *irr* **rojo**	erröten, rot werden
por cierto	übrigens
por fin	letztendlich, schließlich
por ningún motivo	auf keinen Fall
por obras	wegen Bauarbeiten
por suerte	zum Glück
por supuesto	natürlich, selbstverständlich
precioso/a *m/f*	Hübsche(r)
preocuparse	sich Sorgen machen
prisa *f*	Eile
probable	wahrscheinlich
profundo	tief, tiefgründig
promesa *f*	Versprechen
propio	eigen
proponer *irr*	vorschlagen
publicidad *f*	Werbung
puerta *f* **de embarque**	Boarding-Gate
puerto *m*	Hafen
punto *m* **de partida**	Ausgangspunkt
¡Qué barbaridad!	Meine Güte!
¡Qué casualidad!	So ein Zufall!
ϟ qué gracia	wie witzig
ϟ qué pena	schade

¡Qué poca vergüenza!	Wie unverschämt!
quedar con alguien	sich mit jdm. treffen
quejarse	sich beklagen
quemar	(ver)brennen
⚡ **quitarse algo de la cabeza**	sich etw. aus dem Kopf schlagen
rabia *f*	Wut
raíz *f*, **raíces** *f pl*	Wurzel
rasgo *m*	*hier:* Gesichtszug
recibir	erhalten, bekommen
recientemente	vor Kurzem
recoger	holen
reconocer *irr*	wiedererkennen
recordar *irr*	sich erinnern
rectangular	rechteckig
recuerdo *m*	Erinnerung
reencuentro *m*	Wiedersehen
reflejado	gespiegelt
regresar	zurückkehren
reír *irr*	lachen
relación *f*	Beziehung
relajado	entspannt
remite *m*	Absender
respirar	atmen
responsable	verantwortlich
responsable *m/f*	Verantwortliche(r)
respuesta *f*	Antwort
retrasar	verschieben
retrasarse	(sich) verspäten
reunión *f*	*hier:* Termin, Treffen
revisar	überprüfen
rico	lecker
rincón *m*	Ecke
romper *irr* **a reír**	in Gelächter ausbrechen, loslachen

rueda *f*	*hier:* Rad
saltar	(über)springen
seguro *m*	Versicherung
selva *f* **cuzqueña**	Urwald von Cuzco
sensación *f*	Gefühl
ser *irr* **el turno**	an der Reihe sein
servilleta *f*	Serviette
signo *m* **de exclamación**	Ausrufezeichen
signo *m* **de interrogación**	Fragezeichen
sincero	ehrlich, aufrichtig
sindicato *m*	Gewerkschaft
sobre *m*	Briefumschlag
sobre todo	vor allem
soledad *f*	Einsamkeit
solemnidad *f*	Erhabenheit
solsticio *m* **de verano**	Sonnenwende
soltar	frei lassen
solucionar	lösen
sonar *irr*	sich anhören, klingen
sonido *m*	Klang
sonreír *irr*	lächeln
sonrisa *f*	Lächeln
sorprender	überraschen
sorprendido	überrascht
sorpresa *f*	Überraschung
suavizar	*hier:* entspannen
subir	steigen
suerte *f*	Glück
suponer *irr* **que**	annehmen, dass
suspiro *m*	Seufzer
temer	(be)fürchten
tener *irr* **aspecto**	aussehen
tener *irr* **en común**	gemeinsam haben
tener *irr* **ganas de**	Lust haben zu/auf
tener *irr* **la sensación**	das Gefühl haben

ϟ **tener** *irr* **los pelos de punta**	Gänsehaut haben
tener *irr* **que ver con algo**	mit etw. zu tun haben
tener *irr* **razón**	recht haben
tirar	*hier:* werfen
tocar las palmas	rhythmisch klatschen
toma *f*	*hier:* Erstürmung
tomar asiento	Platz nehmen, sich setzen
tomar parte en algo	sich an etw. beteiligen
tópico *m*	Klischee
tormenta *f*	Gewitter
tratamiento *m*	Behandlung
tratar de algo	von etw. handeln
trenza *f*	Zopf
trozo *m*	Teil, Stück
tumbarse	sich hinlegen
usado	benutzt
ϟ **vale**	*hier:* ok, einverstanden
ϟ **vaya**	*hier:* ach was, na toll
veintitantos	etwa zwanzig
vela *f*	Kerze
velada *f*	Abend
venga	komm schon, na los
venir *irr* **a ver a alguien**	jdn. besuchen kommen
viaje *m* **de negocios**	Geschäftsreise
vigilar	bewachen
Virgen *f*	Jungfrau Maria
vista *f*	Aussicht
volver *irr* **a hacer algo**	etw. erneut tun
volverse *irr* **cenizas**	Asche werden
voz *f*, **voces** *f pl*	Stimme
vuelo *m*	Flug

Tabla de ejercicios